Ueli Balmer
Das Haus in Monte Bosco

Für Helga

Der Autor dankt dem aargauischen *Kuratorium für die Förderung des kulturellen Lebens* für die Unterstützung seiner Arbeit.

UELI BALMER

DAS HAUS IN MONTE BOSCO

ZYTGLOGGE

Alle Rechte vorbehalten
Copyright by Zytglogge Verlag Bern, 1992
Lektorat: Caecilia Ebeling
Umschlagbild und Illustrationen: Karin Widmer
Satz: Zytglogge Verlag Bonn
Druck: Ebner Ulm
ISBN 3-7296-0444-9

Zytglogge Verlag Bern, Eigerweg 16, CH-3073 Gümligen
Zytglogge Verlag Bonn, Cäsariusstr.18, D-W-5300 Bonn 2
Zytglogge Verlag Wien, Strozzigasse 14-16, A-1080 Wien

Inhalt

Dicke Luft	7
Bosco-Paradiso	19
Die Untersuchung	34
Neue Feriengäste	51
Das Gartenhaus	69
Alte Geschichten und neue Spuren	85
Lauter Rätsel und Geheimnisse	102
Überraschungen	120
Das Ende der Welt	140
Aufregung im Dorf	164
Notizen aus dem Besenwagen	175
Aus dem italienisch-deutschen Wörterbuch	182

sprochen hatte, mußte es etwas furchtbar Unanständiges sein.

«Daddy nimmt so etwas absolut *cool*. Er ist im Gymnasium sogar einmal sitzengeblieben. Hab kürzlich im Keller sein Zeugnis gefunden.»

«Wirklich?»

«Ein paar Tage später war es plötzlich verschwunden. Vermutlich hat er es verbrannt oder weggeworfen.»

Inzwischen waren wir an der Straßenecke angelangt.

«Trotzdem schöne Ferien», sagte ich.

«Gleichfalls.»

Noch fünfzig Meter. *«L.A.»* und *«Bullshit»*, sagte ich vor mich hin. Nur ja nicht vergessen. Ich wiederholte es im Takt meiner Schritte, bis ich vor der Haustür stand.

Ich kam dann doch nicht dazu, die Ausdrücke nachzuschlagen.

Meine Eltern saßen am Stubentisch. Papa machte ein Gesicht, als ob er eine Kröte verschluckt hätte, und Mama verdrehte die Augen, bis sie fast nach innen guckte.

Das war Alarmstufe eins.

Ich blieb im Türrahmen stehen und sah, daß ein Brief auf dem Tisch lag. Es mußte wohl ein sehr unangenehmer Brief sein.

«Was ist denn mit euch los?»

«Komm mal her, Bienchen», sagte Papa, «wir müssen etwas besprechen.»

Ich kann es nicht leiden, wenn er mich Bienchen nennt, und er weiß das eigentlich ganz genau. Kurz nach dem Kindergarten habe ich versucht, ihm das Wort abzugewöhnen, und es ist mir auch ziemlich gelungen. Ein solcher Rückfall konnte nichts Gutes bedeuten.

Der Stoppel! fuhr es mir durch den Kopf. Als ob es nicht gereicht hätte mit der Bemerkung im Zeugnis. Jetzt hat-

te er wohl auch noch meine Eltern schriftlich orientieren müssen. *Bullshit,* dachte ich, aber ich muß es leider ziemlich laut gedacht haben. So etwas unterläuft mir hie und da.
«Was hast du gesagt?» fragte Papa.
Ich gab keine Antwort. Mutter drehte die Augen wieder nach außen und fixierte mich. Wenn ich nur wüßte, was das Wort bedeutet.
«Komm her und setz dich zu uns», sagte Papa.
Ich schlich mich zu ihnen und schielte nach dem Absender auf dem Umschlag. Er war nicht von der Schule. Hoffentlich hatten sie den Stein nicht gehört, der mir vom Herzen gefallen und auf den Fußboden hinabgekullert war. Vermutlich lag er jetzt genau vor Mamas Füßen.
«Hör zu, Sabine», begann Vater wieder und machte ein furchtbar bedeutungsvolles Gesicht dabei. «Da ist heute ein Brief aus Monte Bosco gekommen. Eingeschrieben. Es gibt Probleme mit dem Haus und dem Grundstück von Großvater. Irgendwas soll da mal falsch vermessen worden sein, und inzwischen haben die Leute dort jemand damit beauftragt, die alte Grenzziehung zu überprüfen. Jetzt behaupten sie, die richtige Grenze verlaufe mitten durch Großvaters Gartenhaus.»
«Das Schlößchen?» fragte ich ungläubig.
«Genau. Und nun müsse es weg, da die Gemeinde dort eine neue Straße bauen will. Dieser Streifen hätte gar nie zum Land deines Großvaters gehört.»
«Aber das können die doch nicht machen!»
«Ich werde natürlich versuchen, dies alles genau zu überprüfen, aber ich weiß nicht, ob wir eine Chance haben. Außerdem behaupten sie, Großvater hätte das Schlößchen ohne die vorgeschriebene Baubewilligung errichtet. Es lägen jedenfalls keine entsprechenden Unterlagen vor.»

«Und was wollt ihr nun tun?»
Mama hatte bis jetzt geschwiegen. Sie sah nicht besonders glücklich aus, als sie sagte: «Die Reise nach Südfrankreich können wir vergessen. Onkel Ferdinand haben wir bereits telefonisch benachrichtigt. Vielleicht kommt er auch auf ein paar Tage nach Monte Bosco, um sich mit Vater zusammen um die Angelegenheit zu kümmern.»
«Heißt das, daß wir nun ins Tessin fahren, statt nach Frankreich?» Ich spürte, wie die Enttäuschung in mir aufzusteigen begann. Und im Hals hatte ich bereits ein leises Würgen.
«Genau das heißt es», sagte Mama. «Morgen früh fahren wir los. Vielleicht mußt du dir noch ein paar andere Sachen einpacken. Aber dafür hast du ja den ganzen Nachmittag Zeit.»

Ich ging hinauf ins Badezimmer, verriegelte die Tür und stellte mich vor den Spiegel. Für Monte Bosco brauchte ich wohl kein besonderes *Outfit*. Ich fing an, meine langen, blonden Haare zu bürsten, die mir inzwischen fast bis zum Po reichten. Eigentlich war es mir im Augenblick ziemlich egal, was jetzt gerade Mode war. Für die Schule mache ich mir meistens einen Pferdeschwanz, weil das am schnellsten geht. Einmal hatte ich in einer Zeitschrift gelesen, daß das ungesund sei wegen Haarausfall und so. Es mußte auch irgendwie mit der Durchblutung der Kopfhaut zusammenhängen. Aber ich hielt es für wichtiger, wenn das Blut im Hirn zirkulierte statt in der Kopfhaut. Trotzdem hatte ich mir damals zwei Zöpfe geflochten, doch dann sah ich aus wie eine Mischung aus Pippi Langstrumpf und Rotkäppchen. Ich beschloß deshalb, alles so bleiben zu lassen, wie es war. Wenn schon, dann lieber Rapunzel.

Nach dem Mittagessen, das sehr schweigsam verlief, verkroch ich mich in mein Zimmer und legte mich aufs Bett.

Mein Großvater war im letzten Winter gestorben, ganz unerwartet und ohne krank gewesen zu sein. Er war über neunzig Jahre alt geworden, und meine Eltern meinten, er wäre einfach müde gewesen. Ich hatte nicht zur Beerdigung fahren wollen, und ich glaube, daß das richtig gewesen ist. Großvaters Haus gehörte zum Ortsteil Paradiso, und genau so wollte ich es in Erinnerung behalten, als wunderschönes kleines Paradies.
Meistens war ich in den Frühlings- oder Herbstferien dort gewesen, manchmal mit den Eltern und manchmal allein. Einsam hatte ich mich nie gefühlt, und langweilig ist es mir auch nie geworden. Zu Großvater in die Ferien zu fahren, war wie ein Verreisen in eine andere Welt. Ich hatte ihn sehr lieb gehabt, und ohne ihn konnte ich mir Bosco-Paradiso einfach nicht vorstellen. Ich konnte mich überhaupt nicht freuen auf den nächsten Tag.

Am Nachmittag holte ich Schnorchel, Taucherbrille und Schwimmflossen wieder aus meinem Ferienkoffer heraus und packte dafür ein paar Bücher hinein. Auch das Tagebuch und mein neues Briefpapier stopfte ich zwischen die Kleider. Als ich das Etui mit den Schreibsachen aus der Schultasche nehmen wollte, fiel mir ein, daß meine Eltern nicht nach dem Zeugnis gefragt hatten. Diese Geschichte mit Monte Bosco mußte sie schon sehr beschäftigen, wenn sie etwas so Wichtiges vergessen konnten.
Und ich hatte auch nicht mehr daran gedacht, daß ich ja noch ein bestimmtes Wort nachschlagen wollte. Ich holte mir Vaters ‹Langenscheidt› aus dem Regal, aber ich konnte das Wort nicht finden.
Bullshit, dachte ich.

Der kleine Dünne heißt Stribitz.
Kann ich mal was nicht finden,
dann weiß ich gleich: Er hat's versteckt
und ließ es flugs verschwinden.

Der zweite aber heißt Rabatz.
Er sägt und bohrt und hämmert;
er hört nicht auf mit dem Radau,
bis daß der Morgen dämmert.

Der dritte nennt sich Struwwelwutz,
kennt weder Kamm noch Bürste.
Er treibt sich in der Küche rum
und knabbert meine Würste.

Da gab's noch einen vierten Wicht,
ganz anders als die andern.
Er wollte in die Welt hinaus,
verlegte sich aufs Wandern.

Ja, dieser vierte ist nun fort,
der gute Schabernackel.
Er trägt ein buntes Narrenkleid
und läuft ganz wickel-wackel.

Sein Kopf ist voller Schalk und List
und Eulenspiegeleien.
Im Winter läßt er Veilchen blühn,
im Sommer läßt er's schneien.

So zog er in die weite Welt
auf seinen Wackelfüßen,
und kommt er mal bei dir vorbei,
so sag, ich laß ihn grüßen!

Großvater hatte nicht nur geschrieben und gedichtet, er hatte auch gemalt, modelliert und geschnitzt. Und er hatte eine der schönsten und größten Steinsammlungen, die man sich vorstellen kann. Erst nach dem Tod seiner Frau war er aus der deutschen Schweiz nach Monte Bosco gezogen. Hier sei ein guter Boden, hatte er gesagt, ein Boden, auf dem man sich wohlfühlen könne. Ein junger Bauer, der nach Australien auswandern wollte, hatte ihm das Grundstück verkauft. Es war nichts als ein Stück felsige Wildnis mit einer halb zerfallenen Mühle darauf gewesen, die Großvater dann nach und nach zum Gartenhaus ausgebaut hatte. Später war noch der runde Turm auf der rechten Seite dazugekommen.
Im eigentlichen Wohnhaus unterhalb des Gartens hatte damals eine Tante jenes Bauern gewohnt, und nach ihrem Tod hatte der Großvater auch dieses Gebäude kaufen können, nachdem er einige Jahre bei ihr zur Miete gewesen war.
Am Fuß des Gartenhauses, das ich wegen des Turms immer das Schlößchen nannte, hatte er ein paar Stöcke wilder Reben gepflanzt, und inzwischen ist alles zugewachsen, so daß man von den Mauern fast nichts mehr sehen kann. Am schönsten ist es im Herbst, wenn sich das Reblaub rot verfärbt, daß man meinen könnte, das Haus und der Turm stünden in Flammen.
Auch die Mauer, die das Grundstück zum Wohnhaus hin abschließt, hatte Großvater selbst gebaut. Sie ist mit Ziegeln gedeckt und hat in der Mitte ein hölzernes Tor.
«Er hat sich eingemauert», hatten die Leute damals gesagt. Das konnte schon so sein. Ein etwas seltsamer Mensch war er bestimmt gewesen. Aber ich hatte ihn immer sehr lieb gehabt. Samt seinem Paradies.

Bosco-Paradiso

Wir waren am Morgen ganz früh losgefahren. Mein Vater wollte den großen Stau am Gotthard vermeiden, und außerdem war im Radio ein sehr heißer Tag vorausgesagt worden. Kurz vor acht hatten wir den Gotthard erreicht, ohne mehr als zehn Wörter miteinander gewechselt zu haben.
Sehr wahrscheinlich bin ich das, was Erwachsene einen Morgenmuffel nennen. In der ersten Schulstunde bin ich überhaupt nie vorwitzig, da muß ich noch heftig gegen den Schlaf ankämpfen. Und dann bekomme ich diese schrecklichen Gähnanfälle, daß ich jedesmal fürchten muß, mir den Kiefer auszurenken.
«Kannst du nicht die Hand vor den Mund halten?» fährt mich dann regelmäßig der Stoppel an. «Das sieht ja aus wie vor einem Tunnel.»
Komisch, daß mir das gerade jetzt einfiel. Ich hasse diese stinkende Röhre, dieses unheimliche schwarze Loch im Berg. Als wir in Airolo wieder herauskamen, war ich dem Erbrechen nahe. Wir kurbelten alle vier Scheiben herunter und ließen die Tessiner Luft ins Auto strömen. Ab Ambri-Piotta fühlte ich mich etwas wohler, und als wir an Faido vorbeifuhren, befand sich mein Magen wieder am gewohnten Platz.

«Haltet ihr mich eigentlich für vorwitzig?» fragte ich nach vorn.
«Für was?» brüllte Vater und kurbelte die Scheibe an seiner Seite wieder halb hoch.
«Für vorwitzig!» rief ich nach vorn.
«Wer sagt das?»
«Der Stoppel!»
«Wer?»

«Der Stoppel!» Es schien eine recht mühsame Unterhaltung zu werden.
«Kenn ich nicht! Ist das ein Schulkamerad?»
«Nein, der Oberholzer.»
«Für dich immer noch *Herr* Oberholzer.»
«Okay. Aber er rasiert sich wirklich nur alle drei Tage.»
«Trotzdem. Er ist immerhin dein Klassenlehrer.»
Das Gespräch geriet ins Stocken, und dabei mußte ich dringend etwas wissen. «Haltet ihr mich nun für vorwitzig oder nicht?»
«Wenn er es gesagt hat, dann wird es wohl stimmen.»
«Er hat es nicht nur gesagt. Er hat es sogar geschrieben.»
«Geschrieben? – Wohin denn?»
«Ins Zeugnis.» Jetzt war es draußen.
«Was sagst du?»
«Ins Zeugnis!» Sogar die Kühe neben der Autobahn mußten es gehört haben. Eine von ihnen schüttelte verständnislos den Kopf.
«Und warum sagst du uns das erst heute?»
«Ihr habt mich ja nicht danach gefragt.»
«Und wo liegt das Zeugnis?»
«Zu Hause in der Schultasche.»
«Großartig.»

Die nächsten zwanzig Minuten brachten wir schweigend hinter uns, und dann verspürte Mama plötzlich ein dringendes Bedürfnis.
Zum Glück kam bald danach eine Ausfahrt. Im ersten Dorf fanden wir ein Grotto mit einer schattigen Pergola. Während Mama verschwand, bestellte Papa zwei Espresso.
«Und was möchtest du?»
«Am liebsten ein Kriminalwasser.»
«Ein was?»
Jetzt fing das schon wieder an.

«Ein Glas Orangina», sagte ich.

Die Sonne stand nun schon recht hoch, und wir waren froh, bereits so weit gekommen zu sein. In eineinhalb Stunden sollten wir Monte Bosco erreichen. Ich fürchtete, sie könnten wieder auf die Sache mit meinem Zeugnis zurückkommen, und deshalb fragte ich schnell: «Was soll denn diese neue Straße auf Großvaters Grundstück?»
«Ach, das ist eine komplizierte Geschichte.» Papa stopfte sich eine Pfeife und zündete sie langsam und sorgfältig mit einem Streichholz an. Kurz bevor er sich die Fingerspitzen verbrannte, sagte er: «Die wollen da oben ein neues Sport- und Erholungszentrum bauen. Mit geheiztem Wellenbad und solchem Schnickschnack. Aber das ist noch nicht alles.»
«Sie planen sogar eine Gondelbahn auf den Monte Rosso hinauf», fügte Mama hinzu. «Und für die Wintermonate wollen sie eine neue Skipiste anlegen. Mitten durch den Wald.»
«Was hat das alles mit Großvaters Grundstück zu tun?»
«Wenn dieses Sportzentrum verwirklicht werden soll, braucht es natürlich eine gut ausgebaute Zufahrtsstraße», erklärte Vater. «Du kennst ja die steilen Felsen in Bosco-Paradiso. Die einzige Möglichkeit, dort eine Straße anzulegen, besteht darin, sie durch den hintern Teil des Gartens zu führen. Sonst müßte man sie in den Berg hineinsprengen, aber das käme derart teuer, daß das ganze Vorhaben zum Scheitern verurteilt wäre.»
«Und nun behaupten sie, das Land würde gar nicht uns gehören? Können sie das beweisen?»
«Das ist es ja gerade, was ich abklären will. Ich habe das Gefühl, daß irgend etwas faul ist an der Sache. Und mein Bruder glaubt das auch. Deshalb will Ferdinand so schnell wie möglich vorbeikommen.»

«Was sind denn das für Leute, die so etwas bauen wollen?»

«Die kennt man nicht. Sie verstecken sich hinter einer Aktiengesellschaft, wo sie ihr Geld anlegen können.»

«Versteh ich nicht.»

«Hast du schon was von Strohmännern gehört?» fragte Mama.

«Sind das Vogelscheuchen?»

«So könnte man sie auch nennen.» Sie mußte lachen, zum ersten Mal seit gestern mittag.

«Strohmänner treten immer dann in Erscheinung, wenn die eigentlichen Geldgeber im Hintergrund bleiben möchten.»

«Warum wollen die denn das?»

«Weil sie vielleicht auf nicht ganz saubere Art zu ihrem Geld gekommen sind.»

«Weißt du», sagte Papa, «da gibt es viele Möglichkeiten: Drogen- oder Waffenhandel, Unterschlagung, Betrug.»

«Und solche Leute wollen das Sportzentrum bauen?»

«Das habe ich nicht gesagt. Es können auch ganz ehrbare Geschäftsleute sein, die nicht wissen, wo und wie sie ihre Millionen am besten anlegen können.»

«Und die Gemeinde macht da mit?»

«Die hat sogar ein großes Interesse daran. Monte Bosco ist kein reiches Dorf. Darum sind sie auch bereit, das Land zur Verfügung zu stellen. Sie hoffen, dadurch etwas Geld in die Gemeindekasse zu bekommen.»

«Vielleicht spekulieren manche auch auf eine Anstellung. Da braucht es Bademeister, Skilehrer, Babysitter und jede Menge Hotelpersonal.»

«Dann möchte Monte Bosco so etwas Ähnliches werden wie Ascona oder Lugano?»

«Genau. Und dabei ist ihnen unser Grundstück im Weg. Oder wenigstens ein Teil davon.»

Ich dachte schon wieder an das Wort, aber diesmal hütete ich mich, es auszusprechen.

Papa bezahlte. Wir standen auf, gingen zum Auto und fuhren weiter. Ich war froh, daß wir bei dieser Hitze nicht mehr auf die Autobahn mußten. Der Weg schlängelte sich durch kleine Dörfer aufwärts. Mir hatte diese Landschaft schon immer gefallen, und plötzlich fand ich es gar nicht mehr so schlimm, daß die Reise nach Südfrankreich ins Wasser gefallen war. Buchstäblich. Mitten in den ‹Canal du Midi›.

«Vielleicht fahren wir im Herbst nach Montpellier», sagte Mama unvermittelt.

Ich werd verrückt. Das gibt es doch nicht. Seit wann kann sie Gedanken lesen? – Mannomann – oder besser: Frauofrau!

«Dann ist es fast noch schöner», meinte Papa. «Weniger Leute, und nicht so heiß.»

«Diese Sache hier läßt sich einfach nicht aufschieben», erklärte Mama. «Du mußt das begreifen.»

«Die Einsprachefrist läuft in einem Monat ab», sagte Papa. «Wenn wir bis dahin nicht Recht bekommen, müssen wir das Gartenhaus räumen. Und dann kommen die Bulldozer und machen es dem Erdboden gleich.»

Ich gab keine Antwort. Draußen vor dem Fenster zogen Tessinerhäuser vorbei, gelbe, rosarote und orangefarbene, die meisten mit blauen oder grünen Fensterläden. Sie sahen so fröhlich aus, viel fröhlicher, als mir zumute war. Plötzlich kam mir Großvaters Gedicht wieder in den Sinn. Und ich sah das Gartenhaus vor mir, mit all seinen sichtbaren und unsichtbaren Bewohnern.

«Sagt einmal – glaubt ihr eigentlich, daß es Kobolde gibt?»

«Na klar», sagte Papa, «einen haben wir ja schon in der Familie.»

«Ihr sollt euch jetzt nicht lustig machen über mich.»
«Tun wir doch gar nicht», sagte Papa.
«Tut ihr doch», entgegnete ich. «Nie könnt ihr auf ernsthafte Fragen ernsthaft antworten. Also, gibt es Kobolde oder nicht?»
Papa dachte eine Weile nach. «Aufgrund neuester wissenschaftlicher Untersuchungen muß man annehmen, daß ...»
«Gibt es sie oder nicht?» Ich unterbrach ihn, ehe er eine Vorlesung halten konnte.
«Natürlich gibt es sie. Die Frage ist nur ...»
«Also gibt es sie. Und alle weiteren Fragen sind unwichtig.»
Kurz nach elf Uhr waren wir in Monte Bosco, und Vater stellte den Wagen unter der großen Kastanie zwischen Großvaters und Nonna Luisas Haus ab.

Auf den ersten Blick schien alles wie immer: Nonna Luisas Hühner flatterten erschreckt auseinander, die Ziege Cornetta streckte den Kopf aus dem Stallfenster, und der Kater Konfuzius döste auf der kleinen Sitzbank vor sich hin und ließ sich sein schwarzes Fell von der Sonne wärmen.
Nonna Luisa stand winkend in der Haustür, wischte sich ihre Hände an der geblümten Schürze ab und kam auf uns zu.
«*Buon giorno!*» rief sie. «Ihr endlich ankommen!»
«*Buon giorno,* Nonna Luisa!»
Wie immer gab es eine lange, herzliche Begrüßung, und dann setzten wir uns um den Gartentisch aus Granit im Schatten der großen Kastanie. Mein Vater bekam einen Boccalino Merlot, während die Nonna für meine Mutter und mich eine Karaffe mit Holundersirup hinstellte.
«*Salute!*» sagte Papa und hob seinen Boccalino.

«*Salute!*» nickte ihm die Nonna zu. «In einer Stunde wir wollen Minestra essen. O, ich mich freuen, daß ihr sein da! Ich warten schon eine Stunde!»

Nonna Luisa besitzt kein Telefon. Weshalb sie trotzdem wußte, daß wir heute kommen würden, gehört zu ihren unergründlichen Geheimnissen. Für sie schien das völlig normal zu sein.
Natürlich ist sie nicht meine Großmutter. Alle im Dorf nennen sie Nonna, sogar Don Emilio, der Pfarrer, der hin und wieder vorbeischaut.
Nach der Schulzeit hatte sie ein paar Jahre als Hausmädchen in Zürich gearbeitet und bei dieser Gelegenheit ein wenig Deutsch gelernt. Dann war sie nach Monte Bosco zurückgekehrt, hatte geheiratet und Kinder bekommen, aber die waren längst alle in die Welt hinausgezogen. Inzwischen war sie bereits Urgroßmutter, was auf italienisch *bisnonna* heißt, wie sie mir einmal erklärt hatte. Aber nie hat sie mir verraten wollen, wie alt sie eigentlich ist. Seit ich sie kenne, sieht sie immer gleich aus. Oder doch nicht?
Als wir aufstanden, um unser Gepäck in Großvaters Haus hinüberzubringen, merkte ich plötzlich, daß ich auf ihr schwarzes Kopftuch hinunterschauen konnte.
«Nonna», sagte ich erschrocken, «du wirst ja immer kleiner!»
Sie lächelte und schüttelte den Kopf. «Du werden größer, *cara* Sabina. Du großes Mädchen jetzt. *Che bella ragazza!*»
Um ein Haar wäre ich rot geworden. Ich mag so etwas nicht. Aber wie sollte ich das der Nonna erklären?
In einem Buch habe ich einmal gelesen, daß es ein Land gibt, in dem die Menschen nicht von unten nach oben, sondern von oben nach unten wachsen. Die Köpfe sind da immer auf gleicher Höhe, und die Kinder baumeln

mit ihren Beinen in der Luft herum. Wenn sie dann mit den Füßen den Boden erreichen und fest auf der Erde stehen können, sind sie erwachsen. Ich glaube, ich bin noch schwer am Baumeln.

Großvaters Haus ist gelb gestrichen und hat hellblaue Fensterläden. Da sie alle geschlossen waren, sah es aus, als ob das Haus noch schliefe. Die Luft in den Räumen war dumpf und muffig: höchste Zeit, die Fenster und Läden zu öffnen. Während meine Eltern sich im Erdgeschoß einzurichten begannen, schleppte ich meinen Koffer die Treppe hinauf zu meinem alten Zimmer mit dem riesigen Bett und dem Wandschrank auf der gegenüberliegenden Seite. Ich knipste das Licht an, und da sah ich die Scherben auf dem Teppich liegen.
«Papa, kannst du mal kommen?» rief ich ins Treppenhaus.
«Was ist denn, Sabine? Wir sind gerade am Auspacken.»
«Da ist irgend etwas passiert. Komm, schau doch mal bitte!»
«Muß das denn jetzt sein?»
Er kam herauf und sah die Bescherung.
Dann ging er zum Fenster. «Schau dir das an, der Laden ist bloß zugeschoben, aber nicht verriegelt.» Er betrachtete den losgerissenen Haken, der nur noch an einer einzigen Schraube hing.
«Sieht ganz nach einem Einbruch aus», sagte er. «Hast du irgend etwas angefaßt?»
«Bestimmt nicht.»
«Da sollten wir wohl die Polizei verständigen. – So etwas hat uns gerade noch gefehlt.»

Der Einbrecher mußte auf der Rückseite des Hauses eingestiegen sein, vermutlich, weil er nur so von nieman-

dem hatte gesehen werden können. Dort hat es keine Fenster im Parterre, nur das hölzerne Spalier mit dem alten Aprikosenbaum, das eine ideale Leiter bildet. Im ersten Stock gibt es nur dieses eine Zimmer und daneben eine geräumige Abstellkammer, in die Großvater all das hineingeräumt hatte, was sich im Lauf der vielen Jahre eben so ansammelt. Hier oben jedenfalls schien man nichts gesucht oder gar gefunden zu haben.
Unten befanden sich nebst Küche und Bad Großvaters Wohnstube und das Schlafzimmer, in dem Mutter gerade Kleider und Wäsche in den Schrank räumte.
«Was ist denn los?» fragte sie.
«Es ist eingebrochen worden», antwortete Vater. «Jemand muß den Fensterladen aufgestemmt und dann die Scheibe eingeschlagen haben, so daß er an den Griff herankommen konnte.»
«Das ist ja furchtbar!» sagte Mutter. «Was kann der bloß gesucht haben?»
«Das möchte ich auch gern wissen.»
Wertgegenstände seien bestimmt nicht im Haus gewesen, meinte Vater. Das hätte er schon damals festgestellt, als er mit Onkel Ferdinand und dem für Erbschaftsangelegenheiten zuständigen Beamten Großvaters Nachlaß gesichtet hatte.
Dann begann Papa, sich Großvaters Schreibtisch genauer anzusehen. Es war wie im Krimi: Mit dem Taschentuch in der Hand zog er die Schubfächer vorsichtig heraus.
«Wir müssen aufpassen», sagte er, «vielleicht gibt's Fingerabdrücke oder andere Spuren.»

Großvater hatte alles, was ihm wichtig war, in kleinen Kartonmappen aufbewahrt: Notizen, Fotos, Briefe, Zeitungsausschnitte und vieles andere mehr.
Aber jetzt war alles wild durcheinandergeworfen: Man

brauchte kein Fachmann zu sein, um zu sehen, daß hier jemand sehr gründlich nach etwas gesucht hatte. Aber wonach?

«Wir dürfen nichts anfassen», meinte Vater, «nicht, bevor die Polizei hier gewesen ist.»

In diesem Augenblick tauchte Nonna Luisa in der Tür auf, um uns zu sagen, daß die Minestra fertig sei.

«Schau dir das an», sagte Vater auf italienisch zu ihr.

«O Dio mio», rief die Nonna, als sie das Durcheinander erblickte. *«Ladri! Una rottura!»*

«Hast du denn nie etwas Verdächtiges bemerkt?»

«O nein. Wenn kommen bei die Nacht, ich nichts hören, nur schlafen, schlafen *molto bene.*»

Trotz der Aufregung gingen wir zum Mittagessen. Der Anruf bei der Polizei konnte warten bis am Nachmittag. Eigentlich hatten wir gar keinen rechten Appetit, aber die Minestra duftete so herrlich, daß am Ende nichts mehr davon übrig blieb.

«Jetzt bin ich ja gespannt auf das Gartenhaus», sagte der Vater nach dem Essen. «Wollt ihr mal mitkommen?»

Natürlich wollten wir. Die Nonna gab ihm den Schlüssel, den sie unter ihrer Matratze verwahrte. In die Hosentasche konnte man ihn nicht stecken, denn er war fast zwanzig Zentimeter lang und von Hand geschmiedet. Ihn und das passende Schloß dazu hatte mein Großvater auf einem Abfallhaufen mit Alteisen gefunden. Auch die Fenstergitter, mit denen das Gartenhaus versehen war, hatte er einmal zufällig entdeckt. Sie stammten aus dem Bauschutt eines abgerissenen Herrschaftshauses, wo sie wochenlang herumgelegen hatten. Eines Tages hatte Großvater sie mit der Schubkarre geholt und nach Monte Bosco gebracht.

Solange ich mich erinnern kann, hatte Großvater immer weitergebaut an seinem Castello, wie er das Schlößchen nannte. Einmal hatte ich ihn gefragt, wann es denn endlich fertig sein würde. «Weißt du, Sabine», hatte er geantwortet, «so ein Haus wird niemals fertig.»

Die Mutter war bei Nonna geblieben, um ihr beim Abwaschen zu helfen, und so gingen Vater und ich allein zum Schlößchen. Eine efeubewachsene Mauer zieht sich hinter Großvaters Haus quer durch das Grundstück, so daß der eigentliche Garten davon abgetrennt ist. Wir schoben das hölzerne Tor auf, das wie immer leicht in den Angeln quietschte. Das Gartenhaus steht ganz hinten bei den graugrünen Felsen, und von hier aus kann man nur einen Teil davon sehen. Der Rest ist versteckt hinter Birken, Kastanien und Magnolienbäumen.
Der Boden steigt von der Mauer her leicht an und ist so uneben wie überall in Paradiso. Einen großen Teil der Gartenerde hatte Großvater von weit außerhalb herbeigeholt, um hier überhaupt Blumenbeete anlegen zu können. Damit der Regen sie nicht herunterschwemmen konnte, hatte er niedrige Mäuerchen errichtet, und dazwischen schlängelten sich schmale Wege bis zum Gartenhaus hinauf.
Das Schönste aber ist für mich der kleine Wasserfall auf der linken Seite des Gartenhauses. Da rauscht und sprüht es ununterbrochen, und wenn die Sonne scheint, gibt es manchmal einen richtigen Regenbogen. Von dort läuft das Wasser durch eine schmale Rinne zwischen den Steinen bis zu einer ausgehöhlten Felsmulde, in der es einen kleinen Weiher bildet. Wenn man keine Angst hat vor der Kälte, kann man sogar darin baden. Etwas weiter unten verschwindet dann der Bach in einer dunklen Felsspalte, aber das ist ein unheimlicher Ort, vor dem ich immer ein wenig Angst hatte. Mein Großvater hatte mir erzählt, daß das Wasser unterhalb des Dorfes irgendwo

wieder zum Vorschein käme, aber ich habe die Stelle nie gefunden.
Der Garten war ein Meer von Farben, Blüten und Düften. Das Summen der Bienen, das leise Rauschen des Wasserfalls: Alles war wie immer. Und doch war es nicht wie immer. Großvater war nicht mehr da.

Als wir beim Gartenhaus angelangt waren, schob Vater den riesigen Schlüssel ins Schlüsselloch der Eingangstür.
«Weißt du noch, wie es funktioniert?» fragte ich ihn.
«Natürlich», sagte er, «wenn man es einmal gelernt hat, vergißt man es nie mehr.»
Dieses Schloß hat nämlich seine Tücken; es läßt sich nur öffnen, wenn man das Geheimnis seines Mechanismus kennt. Man muß ganz genau wissen, wie weit man den Schlüssel hineinschieben darf und auf welche Seite man ihn zuerst drehen muß. Dann gibt es noch einen zweiten Trick, aber den behalte ich natürlich für mich. Dieser eine Einbruch reicht mir völlig.
Ein leises ‹Klick› ertönte, und dann war die Tür offen.
Das Erdgeschoß des Hauses besteht aus einem einzigen, großen Raum. Es roch ein wenig nach Museum, und wir öffneten sämtliche Fenster, um die frische Sommerluft hereinströmen zu lassen.

«Auf den ersten Blick scheint hier alles in Ordnung», sagte Papa.
Wir schauten uns um und konnten nichts Auffälliges entdecken. Der große hölzerne Tisch unter dem einen Fenster war aufgeräumt, und alle Sachen standen an ihrem gewohnten Platz: das Schreibzeug, die Pinsel und die kleine Eule aus Ton, die Großvater immer bei der Arbeit zugeschaut hatte. Auch das mächtige Regal mit den Büchern, Mappen und Kartons machte einen ordentlichen

Eindruck. Dann schauten wir in den zweitürigen Schrank hinein: Alles war noch da, die Steinsammlung, das Herbarium, die Zauberlaterne und die vielen andern seltsamen und geheimnisvollen Dinge, die einmal meinem Großvater gehört hatten.
«Scheint nichts zu fehlen», sagte Vater. «Jetzt wollen wir noch im Turm nachsehen.»

Wir gingen durch die kleine Tür und stiegen die Wendeltreppe hinauf zum Turmzimmer. Vater öffnete die beiden Fensterläden, damit wir überhaupt etwas sehen konnten. Hier oben gab es eigentlich überhaupt nichts, was man hätte mitlaufen lassen können, nur zwei Stühle, einen Tisch und die Petroleumlampe darüber. Ich ging an eines der beiden Fenster und schaute zum Monte Rosso hinüber.
«Und dort hinauf wollen sie jetzt eine Gondelbahn bauen?»
«Leider. Im Grunde genommen ist das eine riesige Schweinerei. Aber wer weiß, vielleicht wehrt sich der Berg dagegen.»
«Kann er denn das?»
«Jedenfalls wäre es nicht das erste Mal, daß sich die Natur gegen einen solchen Eingriff zur Wehr setzen würde. Es gibt gewisse Grenzen, aber viele Leute scheinen das vergessen zu haben.»
Vater war sehr nachdenklich geworden. Auch er schaute aus dem Turmfenster. Ein paar Dohlen kreisten über der Collina hinter dem Kastanienwald. Der Himmel war tiefblau, ohne eine einzige Wolke.
«Komm», sagte Vater. «Wir sollten jetzt die Polizei benachrichtigen.» Er hakte die Fensterläden wieder ein, und wir stiegen die Treppe hinunter.
Vor dem großen, offenen Kamin mußte ich daran den-

ken, wie oft wir hier gesessen und Kastanien gebraten hatten. An zwei eisernen Haken in der Mauer hingen der Blasebalg und die schwarze Lochpfanne. Ich hatte plötzlich einen riesigen Kloß im Hals.
Vater streichelte mir über den Kopf. Ich glaube, das hatte er lange nicht mehr getan.
«Nicht weinen, Sabine.»
«Ich weine gar nicht.» Ich versuchte, den Kloß hinunterzuschlucken, aber er rührte sich nicht von der Stelle. Je mehr ich schluckte, um so größer wurde er.
Wir gingen hinaus, und Vater schloß die Tür sorgfältig wieder ab. Eine Eidechse huschte über die Mauer des Gartenhauses und verschwand im Weinlaub.
«Willst du noch ein wenig hier bleiben?»
Ich nickte.
«Du kannst dich ja im Garten umsehen. Bis bald.»
Ich schaute ihm nach, wie er auf den Zickzackwegen zum Tor ging. Dann setzte ich mich auf ein abgeflachtes Felsstück und sah den Schmetterlingen zu. Manchmal hatte Konfuzius nach ihnen zu haschen versucht, aber er hatte nur selten einen erwischt. Vielleicht war er in der Zwischenzeit geschickter geworden. Auch auf Heuschrecken hatte er oft Jagd gemacht. Wenn ihm eine im letzten Augenblick entwischt war, hatte er ein so komisches Gesicht gemacht, daß ich immer lachen mußte.
Nach einer Weile ging ich zu den Brombeeren hinter dem runden Turm. Sie waren reif und süß, und ich mußte mich beherrschen, nicht zu viele auf einmal zu essen.
Dann kam der Wasserfall an die Reihe. Ich streckte beide Hände hinein, daß es weit herumspritzte und meine Kleider ganz naß wurden. Großvater hatte mir oft von den Wassergeistern erzählt, die hier leben sollten. Es seien kleine, nixenhafte Wesen, manche kaum größer als eine Hand, und sie hätten eine fast durchsichtige, bläulich-

weiße Haut. Einige wären der Seejungfrau aus Andersens Märchenbuch sehr ähnlich, aber es gäbe auch welche ohne Fischschwanz, die dafür Schwimmhäute zwischen den Zehen hätten. Auch winzige Wassermänner wären hie und da anzutreffen, doch die meisten würden lieber in Tümpeln und ruhigen Weihern herumschwimmen.

Plötzlich mußte ich an Jessica denken. Nie hätte ich es gewagt, ihr von diesen Dingen zu erzählen. Bestimmt hätte sie schallend gelacht und mich für gaga gehalten. Aber das Verrückte war, daß dieser Garten so etwas wie eine Zauberkraft auf mich ausübte. Ich hätte nie daran gedacht, an Großvaters Worten zu zweifeln; das war sein und mein Geheimnis gewesen. Ich glaubte an seine Kobolde, an die Wassergeister, die Elfen und die boshaften Salamander, die ich mir wie kleine Teufelchen vorstellte, weil sie nur im Feuer leben können. Ich glaubte das, und ich wußte, daß es sinnlos war, Menschen wie Jessica davon überzeugen zu wollen. Es gibt Geheimnisse, die niemanden etwas angehen, sonst wären sie ja keine. Also behält man sie am besten für sich.

Die Untersuchung

Als ich vom Garten zurückkam, saßen meine Eltern am Steintisch neben Nonna Luisas Haus und warteten auf die Polizei. Vater erklärte, er hätte in Bellinzona angerufen, und die Beamten würden so schnell wie möglich hier sein.
«Du darfst vorläufig nicht in dein Zimmer», sagte er. «Die Leute von der Spurensicherung wollen sich alles genau ansehen.»
«In Ordnung.»
«Wir sollen auch nicht auf die Rückseite des Hauses gehen. Vorgestern hat es hier ein heftiges Gewitter gegeben, so daß der Boden ganz aufgeweicht war. Vielleicht hat der Täter auch hier Spuren hinterlassen.»
«Falls er erst nach dem Regen gekommen ist», fügte meine Mutter hinzu.
Konfuzius strich um meine Beine und schnurrte. Ich kraulte ihn hinter den Ohren, wo er es besonders gerne mag, und dann war er mit einem Satz auf meinem Schoß.
«Hast du auch gewußt, daß wir heute kommen?» fragte ich ihn.
Er schaute mir in die Augen und schnurrte weiter. Das hieß bestimmt ja.
«Bist ein schlauer Kater.» Er stellte sich auf die Hinterbeine und schmiegte seinen Kopf an mein Kinn. «Und noch immer der gleiche Schmuser! Hast du jetzt gelernt, wie man Heuschrecken fängt?» Da entschloß er sich, von meinem Schoß hinunterzuspringen.
«Jetzt hast du ihn wohl an seiner empfindlichen Stelle getroffen», meinte Vater. «In solchen Dingen sollte man vorsichtig sein. Er ist genauso sensibel wie du.»
Selbst Cornetta meckerte zustimmend aus ihrem Stallfenster.

«Misch dich nicht auch noch ein», sagte ich zu ihr, aber es schien keinen Eindruck auf sie zu machen. Sie meckerte munter weiter.
Zum Glück kam Nonna Luisa aus der Küche und beendete unser einseitiges Gespräch.
«Zum Nachtessen Nonna kochen *Spaghetti al pesto*. Du mir helfen, Sabina?»
«*D'accordo!*» Ein kleines bißchen italienisch kann ich auch.
Sie hatte frisches Basilikum gepflückt, das ich mit ihrem großen Wiegemesser zerkleinern sollte.
«*Grande ragazza*», sagte sie und holte das Glas mit den Pinienkernen. Ich ließ es mir gefallen, denn ich fand *grande* besser als *bella*. Da braucht man nicht rot zu werden, denn fürs Wachsen kann man ja schließlich nichts.
Die Nonna ist wirklich ein sehr eigenartiger Mensch. Ohne Fernsehen, Radio und Telefon hat sie einen ganz direkten Nachrichtendienst entwickelt, den ich bis heute nicht durchschaut habe.
Vermutlich hat sie eine Antenne im Kopf und einen Lautsprecher im Bauch. Anders kann ich mir das nicht erklären.
Im letzten Herbst waren wir zusammen in den Pilzen gewesen. «Ich schon so alt», hatte sie gesagt, «du sollen wissen, wo gute *funghi*.» Sie kannte die Plätze, wo Steinpilze und Maronen wachsen, sie zeigte mir die Rotkappen und Birkenpilze, die Täublinge und die Zigeuner. Bis zu jenem Tag hatte ich eigentlich nur den Fliegenpilz gekannt, von dem ich wußte, daß man ihn nicht essen darf, und deshalb wunderte ich mich, daß sie trotzdem einen pflückte und heimlich in der Schürzentasche versteckte.
Es gibt Leute im Dorf, die behaupten, die Nonna sei eine Hexe. Aber ich habe mich nie vor ihr gefürchtet, obwohl auch mir so manches seltsam und geheimnisvoll er-

schien, was sie in ihrer Küche anstellte. Wenn sie Risotto kochte und den Reis in der Pfanne rührte, murmelte sie immer leise etwas vor sich hin, das ich nicht verstehen konnte. Es klang wie Zaubersprüche, aber sehr wahrscheinlich hielt sie bloß Selbstgespräche, wie das viele alte Leute tun, die die meiste Zeit allein sind.

«Du schon fertig?» fragte sie. Dann brachte sie mir Petersilie und ein paar Knoblauchzehen. Bevor ich weiterhacken konnte, schob sie das Basilikum und die zerkleinerten Pinienkerne in ihren Mörser und träufelte Olivenöl darüber. «Du sehr gut arbeiten», sagte sie. «Wird gutes Pesto.»
Gerade als ich fertig war, fuhr das Polizeiauto vor.

So etwas hatte Monte Bosco wohl noch nie erlebt. Das halbe Dorf lief zusammen, um bei diesem wichtigen Ereignis dabeizusein. Zum Glück waren die Polizisten ohne Blaulicht und Sirene gekommen, sonst wäre bestimmt gleich das ganze Dorf auf dem Platz erschienen.
Zwei Polizisten stiegen aus und gingen auf unser Haus zu. Der eine war ziemlich klein und mager, und unter dem Rand seiner Mütze quoll eine Menge schwarzer, krauser Haare hervor. Sein kantiges Gesicht mit der gebogenen Nase erinnerte mich an Großvaters geschnitzten Nußknacker, vor dem ich früher immer ein wenig Angst gehabt hatte.
Der andere war etwas größer und stämmig. Er hielt seine Mütze in der Hand und wischte sich den Schweiß von der Glatze. Mit seinem breiten, tief eingefurchten Kinn sah er aus wie Popeye. Ihm fehlte eigentlich nur die Pfeife im linken Mundwinkel.
Die beiden unterhielten sich kurz mit Vater und gingen dann ins Haus. Sehr wahrscheinlich wollten sie zuerst in

meinem Zimmer nachsehen, wo noch immer die Scherben auf dem Boden lagen.
Ein jüngerer Mann ging auf Papa zu.
«Bernasconi», stellte er sich vor. «Sindaco.»
«Aha, der neue Gemeindepräsident», sagte Vater und gab ihm die Hand. Der Mann trug eine dunkle Hose und ein weißes, offenes Hemd. Seine schwarzen Haare waren glatt zurückgekämmt und kräuselten sich im Nacken.
«Ist etwas passiert?»
«Vermutlich ein Einbruch», antwortete Papa.
«Ein Einbruch? Hier in Monte Bosco? – Das darf doch nicht wahr sein!»
Er sprach ausgezeichnet deutsch, besser als die meisten Leute im Dorf.
«Leider doch», sagte Vater. «Wir hoffen, daß die Beamten irgendeine Spur finden werden. Bis jetzt ist uns diese ganze Geschichte noch völlig rätselhaft.»
«Es waren doch keine Wertsachen im Haus?»
«Kaum. Ein paar Bilder und Bücher. Aber die scheinen noch da zu sein. Ich kann das alles nicht verstehen.»
«Vielleicht war es bloß ein Streuner, der etwas zu essen und ein Bett für die Nacht gesucht hat. So etwas soll ja hin und wieder vorkommen.»
«Die Betten waren unberührt, soweit wir das feststellen konnten.»
Plötzlich fiel mir auf, daß Vater nichts von den durchwühlten Schreibtischschubladen erzählte. Vielleicht hatte er es auch einfach vergessen.
«Informieren Sie mich bitte, wenn es etwas Neues gibt», sagte der Sindaco.
«Sicher», antwortete Vater.
Die beiden Polizisten kamen wieder die Treppe herab und gingen ins Wohnzimmer. Sie standen vor dem Schreibtisch und betrachteten die geöffneten Schub-

laden. Ich schlich mich ans Fenster, um ihnen besser zusehen zu können. Popeye hatte einen Metallkoffer aus dem Auto geholt, dem er jetzt eine kleine Dose und einen Pinsel entnahm. Mit einem silbrigen Pulver betupfte er den Schreibtisch an verschiedenen Stellen, vor allem an den Griffen der Schubfächer. Dann zuckte er die Achseln und schüttelte den Kopf. *«Niente»*, sagte er zu seinem Kollegen. Danach bepinselte er auch die Papiere, Fotos und Zettel, die zuoberst lagen. Vater, der nun auch zum Fenster gekommen war, erklärte mir, sie würden nach Fingerabdrücken suchen. Anscheinend hatten sie nicht viel Erfolg dabei, denn nach wenigen Minuten kamen sie wieder aus dem Haus.
«Nichts gefunden?» fragte Vater.
«No», antwortete der Mann mit dem Nußknackergesicht. Dann gingen sie ums Haus herum zum Aprikosenspalier. Ich folgte ihnen, ging aber nicht zu nahe. Sie kauerten nieder und betrachteten die Erde am Fuß des Baumes. Plötzlich sagte der Mann mit dem Köfferchen: *«Vieni! Guarda!»* Er holte einen Plastikstreifen aus dem Koffer und formte ihn zu einem Oval, das er in die Erde hineindrückte. Danach gingen sie in Nonnas Küche, um in einem schwarzen Gummibecher Gips anzurühren. Als sie zurückkamen, gossen sie den weißen Brei vorsichtig in den Plastikring.
Popeye schien noch eine weitere Entdeckung gemacht zu haben. Er deutete auf eine zerbrochene Querlatte am Spalier, die bis jetzt niemandem aufgefallen war. Es mußte sich um eine frische Bruchstelle handeln, denn das Holz leuchtete ganz hell. Da sie sich ziemlich weit oben befand, war es fast ein Wunder, daß der Einbrecher nicht abgestürzt war.
«Haben Sie eine Leiter?» fragte Popeye.
«Aber sicher», antwortete Papa. Er ging zum Schuppen

mit den Gartengeräten neben Nonna Luisas Haus und holte sie heraus. Der Polizist half ihm dabei und lehnte sie gegen die Mauer. Dann nahm er einen Fotoapparat aus dem Koffer, stieg hinauf und machte ein paar Aufnahmen von der Bruchstelle.

«Jetzt wird er sich bestimmt noch den Fensterladen genauer ansehen», meinte Vater. Und wirklich, Popeye stieg noch ein paar Sprossen höher, hängte den Laden aus und trug ihn vorsichtig die Leiter hinab. Mit seinem Kollegen zusammen schaute er ihn noch einmal genau an und deutete mit dem Zeigefinger auf eine bestimmte Stelle. Nach einem kurzen Gespräch mit Vater trug er den Laden zum Auto und legte ihn in den Kofferraum. Vermutlich wollten sie ihn im Polizeilabor genauer untersuchen lassen.

«Jetzt müßte der Gips eigentlich erstarrt sein», meinte Papa.

Der kraushaarige Polizist prüfte mit dem Daumennagel die Härte des Abgusses und nickte mit dem Kopf; anscheinend verstand er ein wenig deutsch. Vorsichtig löste er den Plastikring aus der Erde.

«*Ecco*», sagte er zu Popeye, der inzwischen zurückgekommen war, und reichte ihm den Abguß. Der nahm eine kleine Bürste aus seinem Koffer und reinigte die Unterseite der Gipsfläche. Das Muster, das zum Vorschein kam, mußte von Turnschuhen stammen, denn es wies eine Reihe von Rippen und kleinen Kreisen auf, wie sie auf normalen Schuhsohlen kaum zu finden sind.

Nachdem sie auch den Gipsabdruck im Auto verstaut hatten, setzten sich die beiden Polizisten mit meinen Eltern an den Granittisch. Nonna Luisa trug Kaffee und eine Flasche Grappa herbei, und ich holte die Tassen und Gläser aus der Küche.

Die Polizisten durften keinen Grappa trinken, weil sie im

Dienst waren, aber Papa genehmigte sich einen Schluck. Wahrscheinlich brauchte er ihn nach all der Aufregung. Die beiden Beamten wollten nun auch noch mit Nonna Luisa sprechen und baten sie, sich zu ihnen an den Tisch zu setzen.
Natürlich redeten sie italienisch, und ich verstand nicht das geringste von der ganzen Unterhaltung.
Papa erzählte mir später, sie hätten wissen wollen, ob die Nonna irgend etwas Verdächtiges gesehen oder gehört hätte. Mit ihren Auskünften seien sie allerdings nicht viel weitergekommen, da die alte Frau erklärte, sie hätte in den letzten Tagen immer tief und fest durchgeschlafen.
Auch mit Papa führten die Polizisten noch ein längeres Gespräch auf italienisch. Zwei Wörter konnte ich aufschnappen: *testamento* und *documenti.*
Kurz darauf standen die beiden auf, bedankten sich bei der Nonna für den Kaffee und gingen zum Wagen zurück. Der Mann mit dem Nußknackergesicht setzte sich ans Steuer, kurbelte die Scheibe herunter und rief: «*A domani!*» Er hupte kurz, um Nonnas Hühner zu verscheuchen, und dann fuhren sie los.

«Was wollten die denn von dir wissen?» fragte ich Papa.
«Eine ganze Menge», antwortete er. «Sie fragten, ob Geld oder ein Sparheft im Haus gewesen wären. Und ob Großvater ein Testament hinterlassen habe.»
«Und», fragte ich, «hat er das?»
«Nein. Nach seinem Tod haben Onkel Ferdinand und ich alle Fragen rund um die Hinterlassenschaft geregelt. Wir haben uns eine Menge Papiere angeschaut, und ich kann mich noch ziemlich gut daran erinnern, was alles da gewesen ist. Aber jetzt werde ich ein wenig Zeit brauchen, um die Sachen noch einmal durchzusehen. Erst dann kann ich etwas Genaueres sagen.»

Eine halbe Stunde später knieten Mama, Papa und ich auf dem Teppich und sortierten all die Sachen, die Vater aus dem Schreibtisch hervorholte. Ich war für die Fotos zuständig, Mutter beschäftigte sich mit Briefen und Zeitungsausschnitten, während Vater sich auf amtliche Dokumente und Bankauszüge konzentrierte.

Gegen sieben Uhr waren wir fertig. Zuoberst auf meinem Stapel lag das Bild einer Frau mit dunklen, gewellten Haaren und ebenso dunklen Augen.

«Das ist deine Großmutter», sagte Vater. «Sie war eine sehr schöne Frau.»

Vielleicht schaut sie uns jetzt gerade zu, dachte ich. «Darf ich das Bild behalten?»

«Wenn du möchtest.»

Vater stand auf und setzte sich auf den großen, runden Stuhl am Schreibtisch.

«Ich weiß jetzt, was fehlt», sagte er. «Die Mappe mit dem Kaufvertrag und den Grundstücksplänen ist verschwunden. Diese Geschichte stinkt allmählich zum Himmel.»

Das Gartenhaus, die geplante Straße: Das also war es. Irgend jemand wollte verhindern, daß wir etwas beweisen konnten, was dieser Gesellschaft für ein neues Sportzentrum nicht in den Kram paßte: daß die Geometer damals keinen Fehler gemacht hatten beim Vermessen des Grundstücks und des Ortsplans.

«Damit hätten wir vielleicht das Motiv», sagte Mama. «Bleibt nur noch die Suche nach dem Täter.»

«Und die überlassen wir am besten der Polizei», meinte Vater.

«Können wir denn gar nichts tun?» fragte ich. Ich spürte, wie eine Wut in mir hochstieg. «Das ist denen doch scheißegal.»

«Was hast du gesagt?» fragte Mama

«Piepegal», antwortete ich.

«Eben», sagte Mama.
Nonna rief zum Nachtessen, und wir gingen hinüber. Die Schüssel mit den dampfenden Spaghetti stand auf dem Tisch. Es schmeckte phantastisch wie immer, und alle waren begeistert, vor allem über mein Pesto.
«Das ist dir wirklich gelungen», lobte Mama.
«Klar», sagte ich mit vollem Mund.

Nach dem Essen fragte ich, ob ich die Fotos noch einmal anschauen dürfe. Ich holte den Stapel herüber, und Vater mußte mir erklären, wer da alles abgebildet war.
Da gab es ein Bild von ihm und Onkel Ferdinand, wie sie als kleine Jungen in einem hölzernen Waschbottich standen und sich gegenseitig anspritzten. Auf einer anderen Aufnahme war Großvater als junger Mann mit einem Tropenhelm abgebildet.
«Das war in Algerien», erklärte Vater. «Muß so um 1925 herum gewesen sein. Er hat mehrere Reisen nach Afrika gemacht. Ein paar Andenken daran kennst du ja aus dem Gartenhaus. Zum Beispiel die Kalebasse.»
«Was soll denn das sein?» Ich hatte das Wort noch nie gehört.
«Die Kürbisflasche mit dem eingeschnürten Bauch. Du hast sie sicher schon gesehen, ganz oben auf dem Regal.»
Jetzt erinnerte ich mich. «Kalebasse», sagte ich leise. Ein schönes Wort.
«Das hier sind deine Großeltern auf der Hochzeitsreise.»
Sie saßen in Badeanzügen auf einem Mäuerchen am See. Seltsam, daß diese hübsche, junge Frau meine Großmutter sein sollte.
«Eine komische Mode war das!» sagte ich.
«Damals gab es eine Vorschrift, daß nicht einmal die Männer ganz ‹oben ohne› baden durften. Die Badehose

mußte einen Träger haben, der mindestens eine Brustwarze verdeckte.»

Ich betrachtete wieder meine Großmutter, diese schlanke, dunkelhaarige Frau mit den schönen Augen.

«Warum ist sie eigentlich so früh gestorben?»

«Das war eine ganz tragische Geschichte. Sie hatte Blinddarmentzündung und mußte operiert werden. Die Operation selbst war gut verlaufen, aber zwei Tage später starb sie an einer Embolie.»

Dieses Wort klang längst nicht so schön wie Kalebasse.

«Was ist das, eine Embolie?» fragte ich.

«Da bildet sich ein kleiner Pfropfen aus geronnenem Blut. Wenn der sich loslöst und in eine wichtige Arterie gerät, verstopft er sie, und man muß sterben. Es war ganz schlimm für uns alle.»

«Wo habt ihr sie denn beerdigt? Ihr habt mir ihr Grab nie gezeigt.»

Vater zögerte einen Augenblick. Er war sehr nachdenklich geworden.

«Sag's ihr doch», meinte Mama. «Irgendwann sollte sie es erfahren.»

«Ihr Grab ist hier oben im Garten, unter der großen Kastanie. Nach der Kremation hat Großvater die Urne mit ihrer Asche zu sich genommen, und als er nach Monte Bosco zog, hat er sie bei der Kastanie begraben. Der Stein darüber ist dir doch bestimmt schon aufgefallen?»

«Der mit dieser Figur und den seltsamen Zeichen?»

«Großvater hat viele Wochen daran gearbeitet, und ich weiß selber nicht genau, was die Zeichen bedeuten. Vermutlich ist es eine Inschrift oder ein Spruch aus dem Alten Ägypten.»

«Von den Pharaonen?»

«Es sieht jedenfalls so aus», sagte Vater, «diese Dinge haben ihn sein Leben lang fasziniert.»

Das Gespräch wurde mir langsam unheimlich.
«Wo ist überhaupt Großvaters Grab?»
Schon wieder zögerte Vater mit seiner Antwort. Er wechselte einen bedeutungsvollen Blick mit Mama, und da wußte ich es. Ich brauchte eigentlich gar keine Antwort mehr.
«Dann ist er bei der Großmutter», sagte ich.
«So ist es, Sabine.»
Wir schwiegen eine Zeitlang. Dann sagte ich: «Ich finde das eigentlich schön. Und ich fürchte mich überhaupt nicht deswegen. Ihr müßt euch keine Sorgen machen.»

Vater wollte noch einmal ins Gartenhaus. «Vielleicht liegt die verschwundene Mappe dort oben», meinte er. «Ich bin zwar fest davon überzeugt, sie zum letztenmal im Schreibtisch gesehen zu haben, aber ich kann mich ja irren. Auf jeden Fall möchte ich mich nicht vor der Polizei blamieren.»
«Ich komme mit», sagte Mama.
«Ich auch», sagte ich schnell.

Es war ein wunderschöner, lauer Sommerabend. Die Zikaden sägten im Gras und auf den Bäumen, und es duftete nach Sommer und frischem Heu.
«Du könntest eigentlich die Blumen gießen», meinte Vater. «Die haben es bestimmt nötig bei diesem warmen Wetter.»
Während meine Eltern ins Gartenhaus gingen, holte ich die Gießkanne und füllte sie in der Felsmulde unterhalb des Wasserfalls. Ich mußte etwa sechs- oder siebenmal laufen, und dann war ich fertig und setzte mich wieder auf meinen Stein.
Dort drüben unter der Kastanie waren also meine Großeltern begraben. Der Stein schimmerte im Licht der un-

tergehenden Sonne. Morgen wollte ich ihn mir genauer ansehen. Steine, immer wieder Steine ...
Ich dachte an Großvaters Sammlung. Er hatte mir den Unterschied zwischen Gesteinen und Mineralien erklärt. Gesammelt hatte er beides, sogar ganz gewöhnliche Kiesel, wenn sie eine besonders schöne Form oder Zeichnung hatten. Einmal hatten wir einen Ausflug nach Ponte Brolla gemacht und in der eiskalten Maggia gebadet. Danach hatten wir Steine gesucht, schwarze, weiße, gelbliche und grüne, und zuletzt konnte Großvater den Rucksack fast nicht mehr tragen, so schwer war er geworden.

Ob mein Vater deswegen Geologe wurde? Seit einigen Jahren ist er Professor an der Technischen Hochschule. Dort hält er Vorlesungen, wenn er nicht gerade dabei ist, irgendein unbekanntes Höhlengebiet zu erforschen. Mutter hat jedesmal furchtbar Angst, wenn er in so eine Grotte einsteigt. Und ich muß dann immer an Tom Sawyer und Becky Thatcher denken, wie sie sich in einem Labyrinth unterirdischer Gänge verirrten.
Auch Onkel Ferdinands Leben hat mit Steinen zu tun. Er ist Bildhauer, und in Montpellier habe ich ihm einige Male bei der Arbeit zugeschaut. Er läßt mächtige Steinbrocken in sein Atelier hereinschleppen, und dann klopft er tagelang mit Holzhammer und Meißel daran herum. Wenn er alles Überflüssige weggeschlagen hat, bleibt meistens eine Frau, ein Mann oder ein Tier übrig. Ich habe ihn wahnsinnig bewundert, und zwei- oder dreimal habe ich es an einem kleinen Brocken auch selbst versucht. Das einzige, was bei mir übrigblieb, war ein Haufen kleingehackter Steine.

Bei Einbruch der Dämmerung kamen meine Eltern aus dem Gartenhaus. Es gab dort kein elektrisches Licht, nur

Petroleumlampen und Kerzen. Großvater hatte es so gewollt, obwohl es kein Problem gewesen wäre, eine Stromleitung hinaufzuziehen. Es gab auch kein fließendes Wasser im Gartenhaus, dafür war ja schließlich der Wasserfall da.
«Komm, Sabine», sagte Vater. «Das war ein aufregender Tag. Und du bist noch gar nicht dazu gekommen, deinen Koffer auszupacken.»
«Habt ihr die Papiere gefunden?»
«Nein. Es ist schon so, wie ich vermutet habe: Großvater hat alle persönlichen Dokumente unten im Haus aufbewahrt.»
Wir gingen durch den Garten auf die Mauer zu. Am Himmel tauchten die ersten Fledermäuse auf. Ob sie noch immer im Dachstock des Turmes hausten?
Zum Schlafengehen war es wirklich noch zu früh. Und das Kofferauspacken konnte warten bis morgen. Mehr als meinen Pyjama brauchte ich heute abend nicht.
Wir setzten uns noch einmal an den Steintisch. Nonna Luisa brachte die Flasche mit dem Rotwein aus der Küche, und ich holte mir ein großes Glas Holundersirup.
Eigentlich hatte ich mir meinen ersten Ferientag ganz anders vorgestellt. Und trotzdem war ich nicht unglücklich, daß wir nach Monte Bosco gefahren waren.

Plötzlich hatte ich das eigenartige Gefühl, das alles schon einmal erlebt zu haben. Die ganze Umgebung hatte auf einmal etwas Unwirkliches, Traumhaftes. Wenn ich nur wüßte, wie ich dieses Gefühl beschreiben soll ... Ich war so leicht wie eine Seifenblase, und alles um mich herum war ganz weit weg. Selbst die Stimme meines Vaters klang wie von ganz weit, als würde er vom Sirius oder vom Polarstern her zu uns sprechen.
Es war das zweite oder dritte Mal, daß ich dieses Gefühl

erlebte: wach sein und träumen zugleich. Ein paar Sekunden später war es vorüber. Ich stand auf und verabschiedete mich.

Als ich in mein Zimmer kam, sah ich, daß die Scherben verschwunden waren. Vielleicht hatten die Polizisten sie mitgenommen oder in den Abfall geworfen. Mein Koffer stand neben dem Schrank, wo ich ihn abgestellt hatte. Ich nahm meinen Pyjama heraus und legte ihn aufs Bett. Zum Glück hatte ich meine Strandjacke aus Frotteestoff nicht zu Hause gelassen, obwohl ich sie zuerst nicht nach Monte Bosco hatte mitnehmen wollen.
Ich zog mich aus, schlüpfte hinein und ging hinunter ins Badezimmer. Nach einer ausgiebigen Dusche stellte ich mich vor den Spiegel. Von wem hatte ich den Mund, die blonden Haare, die kleinen Ohrläppchen und die kurze Nase geerbt? Meine Augen sind blau, aber nicht so hell wie die von Großvater. Auch meinen Körper hatte ich in letzter Zeit oft gespannt betrachtet, weil sich da Verschiedenes veränderte.
Ich versuchte, mich an das Bild von meiner Großmutter zu erinnern, wie sie im Badeanzug auf der kleinen Mauer saß. Vielleicht würde ich mal werden wie sie?
Mama ist ganz anders. Ihr Haar ist tiefschwarz und ein wenig gewellt; man könnte sie fast für eine Italienerin halten. Oder für eine Zigeunerin.
In Saintes-Maries hatten wir letzten Sommer Zigeuner gesehen. Sie waren mir unheimlich gewesen und hatten mir sogar ein bißchen Angst gemacht. Eine alte Frau hatte Mama angeboten, ihr aus der Hand zu lesen, aber sie wollte das nicht und war schnell weitergegangen.

Jetzt ist Mama noch ungefähr einen Kopf größer als ich. Es wird wohl stimmen, was Nonna Luisa gesagt hat; ich merke es auch an meinen Kleidern, wie sehr ich gewachsen bin in der letzten Zeit.

Mama ist Lehrerin gewesen, doch als ich auf die Welt kam, hat sie ihre Stelle gekündigt. In einem Jahr möchte sie wieder in ihren Beruf einsteigen, und sie hat schon verschiedene Kurse genommen, damit sie den Anschluß findet mit den neuen Lehrmitteln. Jetzt gerade beschäftigt sie sich mit der sogenannten modernen Mathematik. Einmal hat Papa ihr eine Aufgabe gestellt, über die wir furchtbar lachen mußten. Sie lautete so: Drei Personen sind in einem Lift. In der ersten Etage steigen fünf Personen aus. Wieviele Leute müssen in der zweiten Etage einsteigen, damit niemand mehr im Lift ist?»
Wenn Papa guter Laune ist, kann man richtig schön blödeln mit ihm. Gestern und heute war ihm wohl nicht so sehr danach zumute, und ich kann das auch gut verstehen. Bestimmt ist er in der Schule auch hie und da vorwitzig gewesen. Von irgend jemandem muß ich das ja geerbt haben.
Ich ging wieder hinauf, zog meinen Pyjama an und legte mich ins Bett. Wie schon gestern konnte ich ziemlich lange nicht einschlafen. Der ganze Tag zog noch einmal an mir vorüber, aber nicht der Reihe nach, sondern kunterbunt durcheinander; es war wie in einem falsch zusammengesetzten Film.

In der Nacht hatte ich einen seltsamen Traum.
Ich stand vor der Mauer zum Garten, öffnete das Tor und ging hinein. Es war ein herrlicher, sonniger Tag, und alles blühte. Da gab es Blumen, wie ich sie noch nie gesehen hatte, und riesige Bäume, die bis in den Himmel wuchsen. Auch die Blumen waren viel größer als sonst, und es schien mir, als ob ich ihnen beim Wachsen zuse-

hen könnte. Am Schluß bildeten sie einen richtigen Wald um mich herum, und manche Blüten waren fast so groß wie Wagenräder. Sie strömten einen Duft aus, wie ich ihn nie zuvor gerochen hatte. Er ließ sich mit nichts vergleichen, was ich kannte, und ich fühlte mich unbeschreiblich wohl, geborgen und glücklich. Dann hörte ich auf einmal so etwas wie Musik. Eigentlich war es eher ein Klang, oder eine Mischung aus mehreren Klängen, die immer neue Akkorde bildeten. Der Duft und die Musik gehörten zusammen und umhüllten mich wie eine federleichte Flaumdecke. Plötzlich stand ich vor einem Teich mit einer Art Seerosen. Sie waren ganz rot und züngelten wie kleine Flammen auf dem Wasser. Der Klang war noch immer da, und jetzt schwoll er an und wurde immer lauter, wie das Brausen einer Kirchenorgel. Am Schluß wurde er so laut, daß ich davon erwachte.

Neue Feriengäste

Etwas vom schönsten in den Ferien ist für mich das lange, gemeinsame Frühstück. An jenem Morgen gab es Schwarzbrot, Butter, Käse und natürlich Nonnas selbstgemachte Konfitüre.
Als wir fertig waren, fragte Vater: «Wie wär's mit einem Sonntagsspaziergang ins Dorf hinunter?»
«Das hatte ich ohnehin vor», sagte ich.
«Ich hoffe, ihr seid mir nicht böse, wenn ich nicht mitkomme», sagte Mama. «Ich möchte noch ein wenig lesen.»

Monte Bosco ist ein in den Berghang hineingebautes Dorf. Ständig geht es hinauf und hinunter, und alle Straßen sind mit kleinen Steinen gepflastert. In den steilsten Gassen hat es sogar Treppen, auf denen die alten Leute immer wieder stehen bleiben, um Atem zu schöpfen.
Zwischen den Häusern gibt es kleine Gärten mit Blumen und Küchenkräutern. Da duftet es nach Thymian und Rosmarin, Salbei und Bohnenkraut.
Die Kirche steht ganz oben. Ich glaube nicht, daß mehr als fünfzig Menschen darin Platz finden, so klein ist sie. Als wir daran vorbeikamen, wurde gerade ein Choral oder so etwas Ähnliches gesungen. Es klang ziemlich dünn, wie bei uns in der Schule, wenn der Stoppel ein Lied anstimmt.
Die Häuser des Dorfes sind alle aus grob behauenen Steinen gebaut, wie es hier in der Gegend üblich ist, und auch die Dächer sind mit Steinplatten gedeckt. Gleich neben dem Grotto befindet sich ein kleiner Laden, in dem man fast alles kaufen kann, was man hier oben benötigt. Da gibt es nicht nur Lebensmittel, sondern auch Nähnadeln, Klobürsten, Schreibhefte, Heiligenbildchen,

Ansichtskarten, Niveacreme und Strohhüte. Fleischwaren und Würste muß man bestellen, die werden zweimal in der Woche vom Tal heraufgebracht.
Die Heiligenbildchen haben mich immer fasziniert, obwohl ich nicht katholisch bin. Vater hatte mir gesagt, das sei Kitsch, und er möchte so etwas in unserem Haus nicht sehen. Einmal habe ich mir trotzdem heimlich eins gekauft, den heiligen Christophorus mit dem Jesuskind auf der Schulter. Er sah ein wenig aus wie Großvater, und ich hatte Mitleid mit dem alten Mann, der fast bis zum Bauch im Wasser stand. Ich habe das Bild in mein Tagebuch gelegt, weil ich weiß, daß meine Eltern da nicht hineinschauen.
Der Stoppel hat uns in der Heimatkunde von den griechischen, römischen und germanischen Göttern erzählt. Sie waren für alles mögliche zuständig und konnten nach Bedarf angebetet werden. Reiche Familien sollen sogar Hausaltäre besessen haben. Die Kaufleute und Diebe verehrten Merkur, die Liebenden Venus, und wenn ein Krieg bevorstand, dann war natürlich Mars an der Reihe. Vermutlich hatten es die Menschen damals mit der Religion viel einfacher als wir heute. Vor etwa einem Jahr hatte ich einen derartigen Krach mit Jessica, daß ich betete, der liebe Gott solle ihr Haus anzünden. Dann überlegte ich mir, daß sie das gleiche Gebet zum Himmel geschickt haben könnte, so daß da oben einige Verwirrung hätte entstehen müssen.

Heute war der Dorfladen geschlossen. Überhaupt schien das ganze Dorf noch zu schlafen. Nur das Grotto hatte geöffnet, aber es waren noch keine Gäste da. Vater und ich setzten uns an eines der drei Tischchen auf dem Vorplatz. Er bestellte für sich einen Campari, und ich bekam einen Cappuccino mit viel Schaum oben drauf.

«Tut mir leid, Sabine, daß nun alles ganz anders gekommen ist mit den Sommerferien», sagte Papa.
«Halb so schlimm.»
«Ich weiß doch, wie sehr du dich auf Südfrankreich gefreut hast.»
«Dann gehen wir eben im Herbst.»
«Schön, daß man mit dir jetzt schon ganz vernünftig reden kann.»
Um ein Haar hätte ich ‹danke gleichfalls› gesagt. Aber ich ließ es dann doch bleiben.
Die Kirchenglocken bimmelten wieder; anscheinend war der Gottesdienst zu Ende, und gleich würden die Leute hier unten auftauchen.
«Komm, wir machen Platz», sagte Papa und bezahlte.
Nach einem Spaziergang um das Dorf herum gingen wir zurück zu unserm Haus.

In meinem Zimmer packte ich erst einmal den Koffer aus. Die Kleider kamen in den Schrank, alles andere legte ich vorerst auf den Tisch. Dann nahm ich das Buch, das ich vor kurzem zu lesen angefangen hatte, und beschloß, damit in Großvaters Garten zu gehen. Neben dem Turm gibt es eine kleine, von Reblaub überwachsene Pergola mit einem Gartentisch, einer Bank und ein paar Stühlen.
Zuerst ging ich zur Kastanie, um mir den Stein mit den eingemeißelten Zeichen genauer anzusehen. Am auffälligsten war ein Mensch mit einem Vogelkopf, der vor einer Art Tischchen saß. Darauf befanden sich verschiedene runde und ovale Dinge, von denen ich keine Ahnung hatte, was sie darstellen sollten. Zuoberst saßen zwei Tauben, die ihre Köpfe zusammensteckten und sich mit den Schnabelspitzen berührten. Es sah so aus, als ob sie sehr ineinander verliebt wären.

Dann gab es noch eine Menge eigenartiger Zeichen. Ich erkannte einen Vogel, eine Schlange und so etwas wie ein Auge, aber alles andere blieb mir völlig rätselhaft.
Ich mußte unbedingt herausfinden, warum mir dieses Bild so bekannt vorkam. Darum ging ich noch einmal in mein Zimmer zurück, um den Schreibblock und einen Bleistift zu holen. Ich versuchte, das Ganze abzuzeichnen, was gar nicht so einfach war.
Während ich zeichnete, mußte ich immer an meine Großmutter denken, an diese junge Frau, deren Bild ich gestern zum ersten Mal gesehen hatte. Auch der Traum mit den riesigen Blumen kam mir wieder in den Sinn, aber jetzt waren sie wieder klein und ganz normal. Und sie dufteten auch wie sonst immer. Trotzdem glaubte ich, mich ganz genau an den Duft im Traum erinnern zu können. Ich mußte ihn eines Tages wiederfinden. Aber wo? Und wie?

Manchmal frage ich mich, ob in meinem Kopf etwas nicht gleich funktioniert wie bei andern Leuten. Ich kann mit niemandem darüber reden, und bis jetzt habe ich es nicht einmal ins Tagebuch geschrieben. Manchmal ist dieses Gefühl sehr stark, und manchmal merke ich fast nichts davon. Ich glaube, daß mein Großvater der einzige Mensch war, der mich hätte verstehen können.

Als ich noch nicht in die Schule ging, habe ich meine Eltern einmal gefragt, wer uns Menschen denn geschaffen hätte. «Der liebe Gott», hatte Vater geantwortet. «Und wer hat den lieben Gott gemacht?» Darauf wußte er nichts zu sagen.
Beim Stoppel hörten wir viel vom Weltall und von den Sternen. Er erzählte uns auch, daß die alten Griechen und Römer die Planeten nach ihren wichtigsten Göttern

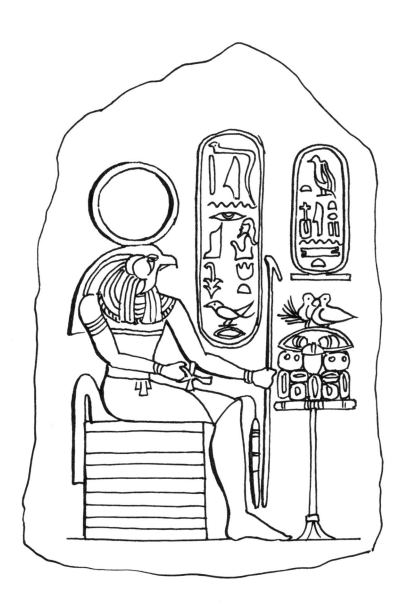

benannt hatten. Da erfuhren wir eine Menge über Milchstraßen und Spiralnebel, die Millionen Lichtjahre von uns entfernt sein sollen, und daß die Astronomen noch längst nicht bis an die Grenzen des Universums vorgestoßen seien. Als ich ihn fragte, wo denn diese Grenzen seien, ist er ein wenig ins Stottern geraten.
Vermutlich weiß er es auch nicht.
Zum Schluß der Stunde erzählte er dann noch etwas von einem ‹Urknall›, mit dem die ganze Schöpfung begonnen hätte. Aber erstens handle es sich dabei bloß um eine Theorie, und zweitens käme dieses Thema frühestens in der neunten Klasse.

Beim Mittagessen hatte ich dann meinen Vater nach diesem Urknall gefragt. Vielleicht wußte er als Geologe mehr darüber als der Oberholzer.
«Weißt du», hatte er geantwortet, «alles um uns herum, Steine, Pflanzen, Tiere, ja selbst wir Menschen bestehen aus winzig kleinen Teilchen, die umeinander herumkreisen wie die Planeten um die Sonne. Wenn man die Zwischenräume herausnehmen könnte, würde zum Beispiel unsere Erde zusammenschrumpfen bis auf die Größe eines Fußballs. Und es gibt heute eine Theorie, daß das ganze Universum einst ein solcher zusammengedrängter Ball gewesen ist.»
«Und dann hat's geknallt?»
«Wie gesagt, Sabine, es ist eine Theorie. Es ist ja niemand dabeigewesen.»
«Aber irgend jemand muß doch diesen Ball gemacht haben?»
Darauf wußte er auch keine Antwort.

Als ich den Stein unter der Kastanie fertig abgezeichnet hatte, ging ich zur Pergola und begann zu lesen. Es war

das Buch mit der Geschichte, in der die Menschen von oben nach unten wachsen. Gerade als es am spannendsten war, sprang Minouche an mir hoch. Um ein Haar hätte ich das Buch fallen lassen.
«Minouche! Bist du wahnsinnig geworden? Wo kommst du denn her?» Ich kraulte sie hinter den Ohren, ehe sie damit beginnen konnte, mir das Gesicht abzulecken.
Minouche ist einer jener Hunde, bei denen man nie genau weiß, was vorne und was hinten ist. Sie hat ein langes, grauweißes Zottelfell. Wenn man den dichten Pelz am richtigen Ende etwas anhebt, kann man sogar ihre Augen sehen.
Wenn Minouche da war, konnte Mario nicht weit sein. Und da sah ich ihn auch schon unten am Gartentor zu mir heraufwinken.

Mario ist einer von Nonna Luisas Enkeln. Er wohnt in Bümpliz bei Bern und ist ein Einzelkind wie ich. Wir haben oft die Ferien hier zusammen verbracht, und ich freute mich, daß er auch jetzt wieder da war. Obwohl er fast zwei Jahre älter ist als ich, haben wir uns immer gut verstanden. Mit Mario zusammen konnte es einem nicht so schnell langweilig werden.
Hie und da hat er seinen nachdenklichen Tag. Da ist es besser, ihn in Ruhe zu lassen. Aber meistens ist er fröhlich und unternehmungslustig.
Er hat mir oft von seinen Hobbys erzählt, und auch, daß er später ein großer Erfinder werden möchte. Um seine Maschinen bauen zu können, sammelt er alles, was andere Leute achtlos wegwerfen: kaputte Radios, Rasenmäher und Nähmaschinen, Wecker, Staubsauger und anderen Kram, wie man ihn in Abfallmulden findet.
Vor einem Jahr hat er versucht, Nonnas alte Küchenuhr zu flicken. Nachdem der Uhrmacher in Locarno erklärt

hatte, die Reparatur würde teurer zu stehen kommen als eine neue Uhr, beschloß er, die Sache selber in die Hand zu nehmen. Er schraubte das Ding auseinander, und kurze Zeit später war der ganze Tisch übersät mit großen und kleinen Zahnrädern, die er danach wieder an der richtigen Stelle einzusetzen versuchte. Als er es endlich geschafft hatte, tickte die Küchenuhr wie eh und je, nur lief sie jetzt leider rückwärts.

Am nächsten Tag kauften wir im Dorfladen einen kleinen Spiegel, mit dem die Nonna nun immer die richtige Zeit ablesen kann.

Wenn Mario nicht gerade an einer neuen Erfindung herumbastelt, spielt er am liebsten Fußball. Jeden Mittwoch nachmittag trainiert er mit der Schülermannschaft des BSC Young Boys, und letztes Jahr hat er sich dabei sogar den Arm gebrochen. Als er nach Monte Bosco kam, trug er noch immer seinen Gipsverband mit den Unterschriften sämtlicher Club- und Klassenkameraden, und er beharrte darauf, daß auch ich mein Autogramm draufkritzelte.

Inzwischen war er bei der Pergola angekommen.
«Hallo Sabine», sagte er. «Schön, daß du da bist!»
«Hallo Mario! Ich freue mich auch, dich zu sehen!»
Ich schaute ihn an und überlegte, ob er immer noch einen halben Kopf größer war als ich. Um das herauszufinden, hätte ich natürlich aufstehen müssen, aber ich entschloß mich, den Größenvergleich auf später zu verschieben. Sein dunkles, krauses Haar glänzte in der Sonne, und auf seiner Nase glitzerten ein paar winzige Schweißtröpfchen.
«Bleibst du lange?» fragte ich.
«Meine Eltern sind für vierzehn Tage nach Irland geflogen, aber da regnet es ja dreizehn Monate im Jahr. Und

außerdem darf man den Hund nicht mitnehmen. Der müßte zuerst für einen Monat in die Quarantäne.»
‹Quarantäne?› Vermutlich brauchte ich jetzt auch noch ein Fremdwörter-Lexikon. Das kann ja ein teurer Geburtstag werden.
«Deshalb sind wir jetzt eben bei der Nonna, Minouche und ich. In zwei Wochen fahren wir wieder nach Hause.»
«Dann seid ihr wohl mit der Bahn gekommen?»
«Sicher. Mit Minouche zusammen war das gar nicht so einfach, die fährt lieber Auto. Dazu kamen noch mein schwerer Rucksack und die Umsteigerei.»
«Aber jetzt seid ihr da, und das ist die Hauptsache.»
Er nahm einen Stuhl und setzte sich neben mich.
«Weshalb bist du überhaupt hier oben? Ich dachte, ihr wolltet nach Südfrankreich fahren?»
«Es ist etwas dazwischengekommen. Hat dir die Nonna nicht erzählt, daß bei uns eingebrochen worden ist?»
«Doch, sie hat so etwas gesagt. Was fehlt denn?»
«Eine Mappe mit Dokumenten, Bauplänen und Kaufverträgen.»
«Nichts Wertvolles?»
«Ich glaube, diese Sachen sind wertvoll genug.»
Mario holte sein Taschentuch aus den Shorts heraus und tupfte sich damit Stirn und Nase ab.
«Wahnsinnig, diese Hitze», sagte er.
«Man gewöhnt sich daran.»

Die zwei Jahre Altersunterschied zwischen ihm und mir kamen mir plötzlich wie eine Ewigkeit vor.
Vielleicht hielt er mich bloß für ein nicht allzu behämmertes Mädchen, mit dem man hie und da ein paar halbwegs vernünftige Worte wechseln konnte. Dabei mochte ich ihn viel mehr als die meisten Jungen aus meiner Klasse.

«Sag mal», unterbrach ich das Schweigen, «hast du schon gehört, was am Monte Rosso geschehen soll?»
«Keine Ahnung. Wollen sie ihn etwa blau anmalen?»
«Die Sache ist überhaupt nicht lustig.»
Ich mußte ihm alles erklären, auch daß die Behörden von Monte Bosco die Absicht hatten, eine Zufahrtsstraße mitten durch unser Grundstück zu bauen und Großvaters Schlößchen abzureißen.
«Das gibt's ja nicht», sagte er entrüstet.
«Sie wollen ein riesiges Sport- und Erholungszentrum bauen, mit Skiliften und Gondelbahnen; sogar ein Hallenbad ist geplant.»
«Ich werd verrückt.»
«Ein richtiges Millionending soll da oben hingestellt werden, samt Grand-Hotels und Tiefgaragen. Sogar einen kleinen Stausee wollen sie bauen , in dem das Wasser für die Schneekanonen gesammelt werden soll.»
«So viel Geld haben die doch gar nicht», meinte er. «Monte Bosco ist eines der ärmsten Dörfer im Tessin.»
«Die Gemeinde stellt bloß das Land zur Verfügung. Den Rest bezahlen irgendwelche Leute, die nicht wissen, was sie mit ihrem vielen Geld anfangen sollen.»
«Und deswegen muß das Schlößchen verschwinden?»
«Wir haben einen Brief vom Gemeinderat bekommen, in dem behauptet wird, das Grundstück sei früher falsch vermessen worden, und dieser hinterste Streifen würde gar nicht uns gehören. Und außerdem hätte Großvater es versäumt, eine entsprechende Baugenehmigung einzuholen.»
«Das ist aber sehr eigenartig», meinte Mario.
«Finden wir eben auch. Aber was sollen wir tun? In einem Monat läuft die Einsprachefrist ab. Wenn wir bis dahin nichts gefunden haben ...» Ich mochte gar nicht daran denken, was dann passieren würde.

«Vielleicht findet ja die Polizei den Einbrecher», sagte Mario.
«Oder *wir* finden etwas», entgegnete ich.
«Wie meinst du das?»
«Ich kann es dir nicht recht erklären. Es ist mehr so ein Gefühl. Ich bin davon überzeugt, daß es irgendwo noch Hinweise gibt, die wir bis jetzt übersehen haben. Und ich habe mich entschlossen, danach zu suchen. Du hast ja Großvater auch gut gekannt.»
«Sicher.»
«Er war ein recht sonderbarer Mann. Hast du schon mal das Bild dort drüben auf dem Stein gesehen?»
«Klar. Aber ich weiß nicht, was es bedeuten soll.»
«Niemand weiß es genau. Das ist auch eins von seinen Geheimnissen. Sogar der Turm ist vollgemalt mit so eigenartigen Figuren.»
«Die mußt du mir mal zeigen.»

Die Sonne stand inzwischen fast senkrecht über uns. Wenn Mario nicht dagewesen wäre, hätte ich mich jetzt bestimmt rasch ausgezogen und eine Wasserfalldusche genommen, wie ich es früher oft getan hatte. Niemand konnte ja von außen her in den Garten hineinsehen.
«Ich glaube, es wird Zeit zum Mittagessen», sagte Mario.
«Gut, gehen wir.»
An so warmen Tagen kochen wir eigentlich nur am Abend etwas. Manchmal macht Mutter mittags einen Salat, oder wir essen ein paar Melonen. Heute gab es Aprikosen und Pfirsiche.
Als wir fertig waren, fragte Papa: «Wie wär's, wenn wir an den See hinunter zum Baden fahren würden?»
Alle waren begeistert von seinem Vorschlag. Wir gingen hinein, um uns umzuziehen. Am See kennen wir ein ziemlich abgelegenes Plätzchen, wo nur wenige Leute

hinkommen. Deshalb schlüpften wir bereits zu Hause in die Badekleider und zogen T-Shirts und Strandhosen drüber.
Natürlich durfte Mario auch mitkommen. Er trug sein gelbschwarzes Fußballer-Trikot mit der Eins auf dem Rücken.
«Bist du noch immer Torhüter?» fragte ich ihn.
Er nickte, und ich glaube, er war ein wenig stolz. Vielleicht ist er sogar ein bißchen rot geworden. Aber weil er so eine braune Haut hat, war das schwer zu beurteilen.
Die Fahrt zum See hinunter dauerte fast eine Stunde. Minouche hechelte zum offenen Fenster hinaus, Mama döste vor sich hin, und Mario drehte seinen Frisbee zwischen den Händen.
Ich kraulte Minouche im Nacken. «Wenn ich mir nur merken könnte, wie diese Hunderasse heißt», sagte ich zu Mario.
«Bergamasker», antwortete er.
Schon wieder ein Wort, das ich mir merken mußte. Bergamasker, Kalebasse, Embolie und Bullshit. Zu meinem nächsten Geburtstag wünsche ich mir ein Lexikon. Wenn möglich in zwölf Bänden. Vielleicht sind darin auch die seltsamen Zeichen abgebildet, die Großvater in den Stein gemeißelt hatte.

Gegen zwei Uhr waren wir da. Kaum hatten wir die Autotür geöffnet, sprang Minouche hinaus und rannte ins Wasser. Dort legte sie sich auf den Bauch, so daß nur noch der Kopf herausschaute. Ein paar Sekunden später kam sie wieder heraus und schüttelte sich, daß die Tropfen weit in der Gegend umherspritzten.
In der Zwischenzeit hatten wir unsere Kleider ins Auto gelegt und waren ebenfalls zum Ufer hinuntergegangen. Wir schwammen alle vier zu einem Felsen, der wie der

Rücken eines Wals aus dem Wasser ragte, und kletterten hinauf.
Ein Surfer kam ein paarmal vorbei. Er versuchte mit aller Kraft gegen den Wind anzukommen, aber schließlich plumpste er doch ins Wasser. Es dauerte eine ganze Weile, bis er das regenbogenfarbene Segel wieder oben hatte und den nächsten Versuch unternehmen konnte.

«Du gehst jetzt also ins Unter-Gymnasium», sagte Vater zu Mario. «Gefällt es dir?»
«Es geht so. Wir haben einen unheimlich guten Physiklehrer, echt Spitze. Letzte Woche hat er uns gezeigt, wie man Mohrenköpfe unter der Vakuumglocke platzen lassen kann. Mann, hat das geknallt und gespritzt, als er die Luft abpumpte!»
«Wohl eine Art Urknall», sagte ich.
«Eine Art was?» fragte Mario.
«Urknall.» Er schien das Wort noch nie gehört zu haben.

Minouche rannte am Ufer auf und ab und bellte.
«Ich glaube, wir sollten zurückschwimmen», meinte Mama. «Wer ist zuerst da?»
Ich kann solche Wettbewerbe nicht ausstehen, aber ich gewann natürlich trotzdem. Vielleicht hatten sich die andern auch nicht besonders angestrengt.
Danach spielten wir noch eine Weile Frisbee. Minouche rannte wie verrückt zwischen uns hin und her und versuchte ständig, uns die Scheibe wegzuschnappen.
«Wollen wir nicht etwas trinken gehen?» fragte Mama.
Wir schwammen noch einmal eine kleine Runde, und nachdem wir trocken waren, gingen wir zum Auto zurück.
Papa fuhr dreimal um Ascona herum, ohne einen Parkplatz zu finden. Ein paar hundert weitere Automobilisten

schienen dasselbe Problem zu haben, und deshalb machten wir uns auf den Heimweg. Kurz nach Ascona entdeckten wir ein kleines Grotto, in dem wir endlich unsern Durst löschen konnten. Ich trank mein Glas in einem einzigen Zug aus.
«Bist du verrückt?» fragte Vater.
«Nein, nur durstig», sagte ich.
«Die hat wohl einen Knall.»
«Ja», sagte ich, «einen Urknall.»

Wir waren kaum zu Hause, als die Polizisten wieder vorfuhren. Sie brachten den Fensterladen zurück und sagten, er sei mit einem Stechbeitel aufgestemmt worden. Die Spuren seien ganz frisch und gut erkennbar, und man hätte sie unter dem Mikroskop fotografiert. Wenn sie das entsprechende Werkzeug fänden, wäre es kein Problem, den Täter zu identifizieren.
Sie führten das Gespräch halb auf deutsch, halb auf italienisch. Als sie gegangen waren, machte ich einen kleinen Spaziergang zur Collina hinauf. Ich wollte allein sein, und ich hatte keine Lust, wieder an all diese Dinge erinnert zu werden.
Oberhalb der Felsen wachsen vor allem Birken und Kastanien. Der Boden ist überwuchert von wilden Brombeeren und Farnkräutern. Dazwischen gibt es immer wieder Steine, die aus der Erde herausragen. Ein schmaler Weg führt von Bosco-Paradiso auf die Collina hinauf, und auf halber Höhe gibt es eine rot gestrichene Bank. Ich hatte Großvater immer wieder auf diesem Pfad begleitet. Einmal hatten wir eine Ringelnatter gesehen, die reglos in der Sonne lag. Heute waren keine Schlangen da, nur ein paar Vögel in den Ästen der Bäume. Irgendwo klopfte ein Specht.
Ich setzte mich auf die Bank und hörte ihm zu. Es klang

wie Morsezeichen, und wenige Augenblicke später morste ein Kollege zurück. Vielleicht telefonierte er auch mit seiner Braut. Wer kann das schon so genau wissen.
Plötzlich sah ich etwas Rotes zwischen den Bäumen näher kommen. Es war ein Mann in einem Trainingsanzug, der hier seine Runde drehte. Ich wunderte mich, da oben einen Jogger anzutreffen; er paßte einfach nicht ins Bild von der Collina. Als er bei mir angelangt war, blieb er schwer atmend stehen, und da erkannte ich ihn endlich: Es war Signore Bernasconi, der neue Sindaco.
«Ganz allein im Wald, *Signorina*?» fragte er.
Wenn mich jemand *Signorina* nennt, bekomme ich Alpträume. Da könnte ich glatt die Bäume hochklettern.
«Nicht ganz», antwortete ich.
Großvater, Christophorus und alle Heiligen, jetzt laßt mich bloß nicht im Stich! flehte ich zum Specht hinauf. Laßt mir etwas einfallen!
«Ich habe den Hund bei mir», schwindelte ich.
«Deinen Hund? Wo ist er denn?»
«Da oben irgendwo.»
«Weißt du denn nicht, daß Hunde hier nicht frei herumlaufen dürfen?»
«Wieso nicht?»
«Weil sie wildern. Sie jagen unsere Hasen und Rehe.»
«Aber nicht Minouche. Die hat noch nie gewildert.»
«Wenn der Wildhüter einen frei herumlaufenden Hund sieht, hat er das Recht, ihn auf der Stelle zu erschießen. Das sollten Sie sich merken, *Signorina*.»
Wenn er noch einmal *Signorina* sagt, fange ich an zu schreien. «Auch Jogger vertreiben die Tiere», entgegnete ich.
«Wer behauptet das?»
«Haben wir in der Schule gelernt.»
Komisch, daß einem manchmal ein Typ wie der Stoppel

noch zu Hilfe kommen kann. Schon wieder etwas, über das ich gelegentlich werde nachdenken müssen.
«So etwas Dummes habe ich überhaupt noch nie gehört», sagte der Sindaco.
«Ist aber trotzdem so», antwortete ich.
Er warf mir einen ziemlich unfreundlichen Blick zu.
«Na denn», sagte er. *«Arrivederci.»* Ehe ich seinen Gruß erwidern konnte, hatte er den Weg nach Monte Bosco hinab unter die Füße genommen.

Ich blieb noch ein paar Minuten sitzen, und ich kann nicht behaupten, daß ich besonders glücklich gewesen wäre.
Vielleicht würde hier in einem Jahr schon eine riesige Baustelle sein, mit Kränen statt Bäumen, mit Baggern und Bulldozern, welche die Erde aufwühlten. Der Boden kann nicht schreien, wenn man ihn verletzt, und die Felsen auch nicht, wenn sie in die Luft gesprengt werden. Alle Tiere würde man vertreiben, den Specht und die Schlange, sogar die Mäuse und Eichhörnchen. Der kleine Bach, der beim Gartenhaus über die Felsen springt, bekäme einen ganz neuen Lauf. Sehr wahrscheinlich würde man ihn weit oben schon in eine Betonröhre zwängen und zum Sportzentrum hinunterleiten.
Für die Gondelbahn brauchte es gewaltige Fundamente und Sockel aus Beton, und auch dafür würde eine Menge Bäume dran glauben müssen. Irgendwo in meinem Kopf hörte ich bereits das Rattern der Kompressoren und den dröhnenden Lärm der Preßluftbohrer. Ich hörte das Quietschen der Kräne und das Rumpeln der Betonmischmaschinen, ich roch sogar den Auspuffgestank der Lastwagen, die unaufhörlich hinauf- und hinunterfuhren.
Als ich all das nicht mehr hören und riechen konnte,

machte ich mich auf den Rückweg. Dann sah ich plötzlich den Steinpilz. Vermutlich hatte ich ihn beim Hinaufgehen nicht bemerkt, weil er halb hinter einer Birke versteckt war.
Von Großvater und Nonna Luisa wußte ich, daß Steinpilze dreimal im Jahr kommen, die ersten im Mai, die zweiten im Juli und die dritten im September. Sie sehen zwar ein wenig verschieden aus, aber sie schmecken alle gleich gut.
Es war ein Prachtexemplar, das da am Weg stand, mindestens dreihundert Gramm schwer. Ich drehte ihn aus der Erde heraus, und dann sah ich erst die drei kleineren, die noch halb vom Birkenlaub bedeckt waren. Ich nahm sie ebenfalls mit und ging langsam den Weg hinab zu unserem Haus.

Vater saß in der Küche und hackte Zwiebeln. Er kocht leidenschaftlich gern, besonders am Wochenende, wenn er genug Zeit dafür hat.
«Was gibt's denn heute?» fragte ich ihn.
«Risotto.»
«Risotto mit was?»
«Mit nichts. Einfach Risotto.»
«*Ai funghi* wäre doch auch was», meinte ich.
«Jetzt gibt's doch keine Pilze.»
«Wetten daß?»
«Na ja, wenn du irgendwo noch eine Dose Champignons findest ...»
«Schau mich doch mal an. Siehst du nichts?»
«Du bist schwanger, Sabine.»
Ich hatte die Steinpilze in mein T-Shirt eingeschlagen, weil ich ja nichts dabei gehabt hatte, um sie hinunterzutragen. Papa staunte nicht schlecht, als ich sie auf den Küchentisch legte.

«Das ist ja phantastisch», sagte er. «Du kannst sie gleich putzen und zubereiten.»

Wie immer aßen wir drüben bei Nonna Luisa, und ich fand es schön, daß jetzt auch Mario dabei war. Er füllte sich den Teller dreimal.

Wir saßen noch lange beisammen und plauderten. Der Mond war als schmale Sichel hinter dem Monte Rosso aufgegangen, und irgendwo weit weg hörte man das Bimmeln von Ziegenglocken. Minouche strich in respektvollem Abstand um Konfuzius herum. Sie hatte ihren Freßnapf bereits geleert; sehr wahrscheinlich lauerte sie nun auf einen Rest vom Abendessen des Katers. Der schien aber gar nicht daran zu denken, ihr etwas davon abzugeben und bewachte seinen Teller mit gesträubtem Fell.

Als es richtig dunkel geworden war, ging ich in mein Zimmer, um noch ein wenig zu lesen. Aber ich war zu müde und konnte mich nicht richtig konzentrieren. Um ein Haar wäre ich mit dem Buch in der Hand eingeschlafen.

Das Gartenhaus

Nach dem Frühstück bat ich Vater um den Schlüssel für das Gartenhaus.
«Bring nichts durcheinander, Sabine.»
«Bestimmt nicht. Du brauchst dir keine Sorgen zu machen.»
«Was möchtest du denn dort?»
«Mich einfach mal umsehen.»

Zuerst wußte ich nicht genau, wo ich anfangen sollte mit meiner Suche. Ich hatte die Zeichnung vom Grabstein mitgenommen, und ich hoffte, daß sie mir weiterhelfen würde.
Manchmal hatte ich Großvater dabei zugeschaut, wie er in ein großes Buch schrieb, malte und zeichnete. Ich wußte noch einigermaßen, wie dieses Buch aussah, und schließlich entdeckte ich es ganz unten im großen Schrank. Ich schleppte es zum Tisch und begann zu blättern. Das meiste war mir völlig unverständlich. Manche Bilder sahen aus wie moderne Kunst, und andere glichen Schnittmustern aus Mamas Modeheften. Ich wurde immer ratloser, je länger ich im Buch blätterte. Erst ganz zuletzt entdeckte ich eine Zeichnung, die mich an den Grabstein erinnerte. Es war nicht dasselbe Bild, nur ein ähnliches, aber beim Vergleichen fiel mir auf, daß einige der seltsamen Zeichen auch hier wieder vorkamen. Was konnten die bloß bedeuten?
In altmodischer Schrift hatte Großvater einen Text daruntergeschrieben, der mir genauso rätselhaft vorkam wie die Zeichnung:
«Ich bin Gestern, Heute und Morgen, denn ich werde wieder und wieder geboren; mein ist die unsichtbare Kraft, die die Götter erschafft und dem Himmel Nahrung gibt. Ich bin der

Herr der Auferstehung, der aus der Dämmerung hervortritt und aus dem Haus des Todes geboren wird. Ich bin Er, der hervortritt als einer, der durch die Tür bricht; und immerdar währet das Tageslicht, das sein Wille geschaffen.»

Ich schrieb die Sätze auf die Rückseite meiner Zeichnung vom Grabstein, und ich hatte ein wenig Mühe mit der seltsamen Rechtschreibung. In einem Diktat hätte mir der Stoppel dafür bestimmt eine Drei gegeben.

Ich hatte Mario überhaupt nicht hereinkommen gehört, und ich erschrak ganz schön, als er plötzlich hinter mir stand und fragte: «Was machst du denn da?»

«Ich hab was abgeschrieben.»

«Zeig mal.»

Wir blätterten das Buch noch einmal durch, aber wir wurden auch gemeinsam nicht schlauer aus den Bildern und Texten. Ich beschloß, es wieder in den Schrank zurückzulegen. Mario war mitgekommen und guckte interessiert in die Regale.

«Mensch, ich werd verrückt», sagte er plötzlich.

«Was hast du denn?»

«Weißt du, was das ist?» Er hob ein kleines Kästchen heraus.

«Keine Ahnung. Noch nie gesehen.»

«So etwas suche ich schon seit Monaten. Aber die Dinger gibt's einfach nicht mehr.»

Das Kästchen war ungefähr so groß wie eine kleine Zigarrenkiste. Obendrauf war ein daumenlanges Glasröhrchen mit einem seitlich herausragenden Stöpsel montiert.

«Komm, mach's nicht so spannend», sagte ich.

«Das ist ein Radio. Das älteste Radio der Welt.»

«Du spinnst. Großvater hatte nie ein Radio. Es gibt ja nicht einmal elektrischen Strom hier im Haus.»

«Es ist ein Radio, das ohne Strom funktioniert.»
«Und wo ist der Lautsprecher?»
«Warte mal, ich bin gleich wieder da.»
«Wo willst du denn hin?»
«Muß was holen.»
Weg war er, und ich stand da wie ein Pinguin in der Wüste.
Es dauerte nicht lange, bis er zurückkam. Er hatte den Kopfhörer seines Walkman dabei.
«Jetzt wollen wir doch mal sehen.»
Der Stecker paßte natürlich nicht an Großvaters altes Gerät. Mario fummelte eine Weile an den Anschlüssen herum, aber ohne Erfolg.
«Ich brauche etwas zum Überbrücken. Hat's da irgendwo eine Werkzeugkiste oder so was?»
Ich zeigte ihm, wo Großvater sein Werkzeug aufbewahrt hatte. In einer Ecke des Raumes stand ein altes Möbel mit drei geräumigen Schubladen.
«Vielleicht findest du hier was.»
Mario begann zu wühlen. Zuoberst waren Hämmer, Zangen, Schraubenzieher und Bohrer aller Art. In der mittleren Schublade gab es Nägel und Schrauben in verschiedenen Größen und Formen, alle in kleine Schachteln geordnet. Hier hatte es vor allem Drähte in den verschiedensten Dicken, eigenartige Metallteile und noch viele andere Dinge, von denen ich keine Ahnung habe, wofür man sie verwenden könnte. Je länger die Suche dauerte, um so aufgeregter wurde Mario. Er hatte schon ganz rote Ohren.
«Mannomann», sagte er plötzlich.
Er hatte ein rundes, schwarzes Ding herausgeholt, das wie das abgesägte Ende einer großen Fadenspule aussah. Zwei dünne Drähte hingen daran.
«Was soll denn das sein?» fragte ich.

«Es ist ein Radio, das ohne Strom funktioniert.»
«Und wo ist der Lautsprecher?»
«Warte mal, ich bin gleich wieder da.»
«Wo willst du denn hin?»
«Muß was holen.»
Weg war er, und ich stand da wie ein Pinguin in der Wüste.
Es dauerte nicht lange, bis er zurückkam. Er hatte den Kopfhörer seines Walkman dabei.
«Jetzt wollen wir doch mal sehen.»
Der Stecker paßte natürlich nicht an Großvaters altes Gerät. Mario fummelte eine Weile an den Anschlüssen herum, aber ohne Erfolg.
«Ich brauche etwas zum Überbrücken. Hat's da irgendwo eine Werkzeugkiste oder so was?»
Ich zeigte ihm, wo Großvater sein Werkzeug aufbewahrt hatte. In einer Ecke des Raumes stand ein altes Möbel mit drei geräumigen Schubladen.
«Vielleicht findest du hier was.»
Mario begann zu wühlen. Zuoberst waren Hämmer, Zangen, Schraubenzieher und Bohrer aller Art. In der mittleren Schublade gab es Nägel und Schrauben in verschiedenen Größen und Formen, alle in kleine Schachteln geordnet. Hier hatte es vor allem Drähte in den verschiedensten Dicken, eigenartige Metallteile und noch viele andere Dinge, von denen ich keine Ahnung habe, wofür man sie verwenden könnte. Je länger die Suche dauerte, um so aufgeregter wurde Mario. Er hatte schon ganz rote Ohren.
«Mannomann», sagte er plötzlich.
Er hatte ein rundes, schwarzes Ding herausgeholt, das wie das abgesägte Ende einer großen Fadenspule aussah. Zwei dünne Drähte hingen daran.
«Was soll denn das sein?» fragte ich.

«Ein Kopfhörer», sagte er. «Vermutlich haben sich bereits die Dinosaurier damit verständigt.»
Er hielt ihn in der Hand, als wäre es ein Diamant aus der Schatzkammer des Kaisers von China.
«Schau mal hier», sagte er, «die Bananenstecker passen genau in die Buchsen am Detektor.»
Schon wieder drei Wörter, die ich noch nie gehört hatte. Beim Stoppel hätte ich jetzt die Hand aufgestreckt.
Mario schloß den Kopfhörer an, preßte ihn gegen sein rechtes Ohr und begann, den kleinen Stöpsel am Glasrohr hin- und herzubewegen.
Und dann strahlte er. So muß jemand aussehen, der soeben erfahren hat, daß er im Lotto einen Sechser hat. Ohne Zusatzzahl. Einfach so.
«Hör mal», sagte er und gab mir die abgesägte Fadenspule.
Ich drückte sie ebenfalls gegen das Ohr. Es rauschte und knackte, und danach war überhaupt nichts mehr da. Aber immerhin hatte es gerauscht und geknackt. Das war doch schon etwas.
«Die Dinosaurier haben Sendeschluß», sagte ich zu Mario. Er nahm mir das Ding aus der Hand und preßte es wieder ans rechte Ohr. Danach stöpselte er eine Weile herum, und er machte dabei ein Gesicht wie Konfuzius, wenn ihm gerade ein fette Heuschrecke entwischt war.
«Jetzt ist es wieder da», sagte er plötzlich.
«Gib mal her!»
Nun konnte ich es auch hören. Es war eine Mozart-Sonate, die Mama manchmal auf dem Klavier spielte.
«Hörst du was?» fragte Mario.
Ich nickte und legte den Zeigefinger auf meine Lippen.
Ein paar Sekunden später hörte ich eine Männerstimme, die irgend etwas auf italienisch sagte. Ich gab den Hörer an Mario zurück, und er drückte ihn wieder an sein Ohr.

«Was sagt er?» fragte ich.
«Nichts Besonderes. Sie bringen gerade Nachrichten.»
Mario ist zweisprachig aufgewachsen. Vom Vater hat er italienisch und von der Mutter deutsch gelernt. Darum kann er sich mit den Leuten hier viel besser verständigen als ich.
«Was können wir bloß tun?» fragte ich.
«Wir müssen weitersuchen.»
«Aber wo?»
«Irgendwo. Vielleicht hilft uns der Zufall, wie in den Krimis im Fernsehen.»
Mario drückte wieder den Hörer ans Ohr.
«Was bringen sie jetzt?»
«Ein Hörspiel. Klingt wie ein Märchen für kleine Kinder.»
«Wie heißt es denn?»
«La casa alla fine del mondo.»
Das brachte uns wohl auch nicht weiter. Was wir brauchten, waren Baubewilligungen, Pläne und andere Unterlagen. Nicht Hörspiele für kleine Kinder.
«Was heißt das überhaupt auf Deutsch?» fragte ich.
«Was?»
«Das mit der *casa.*»
«Das Haus am Ende der Welt», antwortete er.
Die Grenzen des Weltalls, das Ende der Welt. Nicht einmal der Stoppel kannte sie, diese seltsamen Grenzen. Ob es sie vielleicht überhaupt nicht gab?
Erst wenn man zum Mond fliegt, kann man erkennen, daß die Erde wirklich eine Kugel ist. Vorher muß man es einfach glauben.
«Kannst du dir das Ende der Welt vorstellen?» fragte ich Mario.
«Meinst du den Weltuntergang?»
«Nein, einfach einen Ort, wo es nicht mehr weitergeht.»

«Darüber habe ich noch nie nachgedacht.»
«Du steigst auf einen Berg hinauf, und wenn du oben angekommen bist, möchtest du wissen, was auf der andern Seite ist.»
«Logo», meinte Mario.
«Aber jetzt kommt das Verrückte: Auf der andern Seite ist wirklich nichts.»
«Du spinnst.»
«Da ist nur Luft, Abgrund, gähnende Leere.»
«Das gibt es einfach nicht. Es ist immer etwas auf der andern Seite.»
«Ich habe einmal geträumt, ich würde in diese Leere hineinfliegen.»
«Das ist ja furchtbar.»
«Überhaupt nicht. Es war ein großartiges Gefühl.»
«Du wolltest mir noch diese Bilder im Turm zeigen», sagte Mario. «Darf ich sie jetzt einmal sehen?»
Wir gingen hinein und öffneten die Fensterläden. Mario schaute sich alles genau an, den Drachen, das Einhorn, die Meerjungfrau und all die andern eigenartigen Wesen.
«Der da sieht aus wie ein Teufel», sagte Mario.
«Das ist ein Pan», erklärte ich. «Weiß ich von meinem Großvater.»
Er trug wirklich zwei kleine Hörner auf dem Kopf, aber da er eine Flöte in seinen Händen hielt, konnte es sich wohl kaum um einen Teufel handeln. Er sah eher aus wie eine Mischung aus Mensch und Ziegenbock.
«Teufel mögen sicher keine Musik», sagte ich zu Mario, der vor der Seejungfrau stehengeblieben war.
«Glaubst du, daß die Nixen wirklich solche Fischschwänze hatten?»
«Was heißt da hatten? Die haben sie immer noch.»
«Vielleicht müßte man sich mal bei den Fischern erkun-

digen. Die wissen wohl besser Bescheid in solchen Fragen.»
Ich hatte keine rechte Lust, mit ihm darüber zu streiten. Er war bestimmt ein unheimlich guter Tüftler und Erfinder, aber von diesen Dingen schien er keine Ahnung zu haben. Schon sein komisches Lächeln sagte mir, daß es Zeit war, das Thema zu wechseln.
Wir schlossen die Läden wieder und gingen zurück in Großvaters Arbeitszimmer.
«Hast du meinen Großvater eigentlich gemocht?» fragte ich Mario.
«Sicher», sagte er. «Aber hier im Gartenhaus bin ich fast nie gewesen. Meistens sind wir uns im Garten begegnet.»
«Du hast mir noch gar nicht gesagt, was du über dieses Sportzentrum denkst, das sie da oben bauen wollen», sagte ich, um das Thema zu wechseln.
«Eigentlich finde ich Baden und Skilaufen ganz schön. Und in Monte Bosco ist überhaupt nicht viel los.»
«Sag mal, bist du noch zu retten?»
«Weshalb sollte man denn dagegen sein? Du kannst die Zukunft nicht aufhalten. Solche Dinge gehören heute einfach zum Leben.»
«Selbst wenn die Natur dabei zugrunde geht?»
«Die geht noch lange nicht zugrunde. Die paar Bäume, die dabei gefällt werden müssen, spielen sicher keine große Rolle.»
«Es geht nicht nur um die Bäume. Es leben auch Tiere da.»
«Die ziehen dann eben weiter. Es hat ja noch einen Haufen Platz ringsherum.»
Langsam spürte ich eine Wut in mir aufsteigen. «Und das Gartenhaus hier ist dir wohl auch egal?»
«Natürlich nicht. Irgendwie muß es doch eine Lösung geben, daß es stehen bleiben kann.»

«Ich dachte, du würdest mir dabei helfen, diese Lösung zu finden.»
«Du glaubst doch nicht ernsthaft, daß wir beide da etwas bewirken können?»
«Wenn du so denkst, dann sicher nicht.»
«Dein Vater kann das bestimmt in Ordnung bringen. Und schließlich ist die Polizei auch noch da. Vielleicht finden sie ja den Dieb, der die Mappe gestohlen hat.»
Wir schwiegen eine Weile. Und mitten in dieses Schweigen hinein polterte etwas hinter unserem Rücken auf den Boden.
Zuerst wagten wir gar nicht, uns umzudrehen.
«Hast du das gehört?» fragte ich Mario.
«Klar.»
«Was kann das nur gewesen sein?»
«Keine Ahnung.»
Als der erste Schreck vorüber war, begannen wir nachzusehen. Zuerst fiel uns nichts Besonderes auf, aber dann entdeckte ich den Stein, der vor dem großen Schrank auf dem Boden lag. Er war ungefähr so groß wie eine Männerfaust, und auf den ersten Blick sah er aus wie tausend andere Steine auch. Nur eines wußte ich: daß er vorher bestimmt nicht dagelegen hatte.
Ich nahm ihn in die Hand und drehte ihn um, und da sah ich auf seiner Rückseite drei wunderschöne Kristalle. Sie schimmerten hellblau und waren fest mit dem Stein verwachsen.
Einen Teil seiner Sammlung hatte Großvater oben auf den Schrank hingestellt, und schon auf den ersten Blick konnte man sehen, daß da eine Lücke klaffte.
«Der muß von da heruntergefallen sein», sagte ich zu Mario. Plötzlich wurde ich stutzig. «Ist etwa Konfuzius hier?» fragte ich.
«Nicht, daß ich wüßte. Den hätten wir doch sehen müs-

sen. Und außerdem wäre es sicher ein ziemliches Problem für ihn gewesen, da hinaufzukommen.»
«Das glaube ich auch.»
«Vermutlich war das ein Erdbeben», sagte Mario. «Und wir haben bloß nichts gespürt davon.»
«Das war kein Erdbeben», sagte ich. «Das war Rabatz.»
«*Wer* war das?»
«Rabatz. Den kennst du nicht. Aber der wohnt eben auch hier.»
«Ist das eine Maus? Oder gar eine Ratte?»
«Weder noch. Er ist einer von den kleinen Kobolden. Aber Großvater hatte mir gesagt, normalerweise kämen die nur bei Nacht.»
«Wer die?»
«Es sind ihrer drei. Der eine macht Radau und hat Freude daran, die Menschen zu erschrecken. Das ist eben Rabatz.»
«Und die andern?»
«Einer heißt Stribitz. Der klaut wie eine Elster.»
«Jetzt mußt du mir nur noch sagen, daß du an diesen ganzen Unsinn glaubst.»
«Der dritte ist ziemlich harmlos», fuhr ich unbeirrt fort. «Sein ganzer Lebensinhalt besteht im Fressen. Darum muß man die Vorräte hier oben ganz besonders gut einschließen.»
Mario schaute mich fassungslos an. «Dich hat man wohl zu heiß gebadet», meinte er schließlich.
Ich fand, daß es nicht nötig sei, ihm auch noch von Schabernackel zu erzählen.
«Du wolltest doch mal ein großer Erfinder werden?» fragte ich ihn.
«Klar. Will ich immer noch.»
«Dann erfinde jetzt mal gefälligst eine Lösung für unser Problem.»

«Das mit diesen Kobolden?»
«Nein, das mit der Baugesellschaft.»
«Erfinden ist sehr schwierig. Das kann man nicht auf Kommando.»
«Du könntest dir trotzdem etwas einfallen lassen.»
«Ich will's mal versuchen.»
Ich legte den Stein auf den Tisch. Dann schlossen wir das Haus ab und gingen in den Garten. Es mußte inzwischen um elf Uhr herum sein, und es war so heiß geworden, daß die Luft über den Felsen flimmerte.
«Ich muß nach Minouche sehen», sagte Mario.
«Gut, bis später.» Ich war jetzt nicht mehr richtig böse auf ihn. Er hat eben nicht so einen Großvater gehabt wie ich. Ich setzte mich in den Schatten der Pergola und schaute ihm nach, bis er durch das Tor in der Mauer verschwunden war. Wir hatten schon hie und da Streit gehabt miteinander, aber ich konnte ihm nie lange böse sein. Er war das, was Jessica wohl einen ‹Sonnyboy› genannt hätte. Manchmal bewunderte ich ihn, weil er ein paar Sachen konnte, die ich selber auch gern gekonnt hätte. Aber am ansteckendsten war seine Fröhlichkeit. Ich kenne niemanden, der so herzlich und unbekümmert lachen kann wie er. Dann bekommt er winzige Fältchen um seine dunklen Augen, und sein ganzer Körper beginnt zu wakkeln wie ein Pudding.
Ob er mir wohl bei meiner Suche helfen konnte? Dabei wußte ich ja gar nicht, wonach ich eigentlich suchte ...

Es war inzwischen sehr heiß geworden, und ich schwitzte so, daß mir die Kleider auf der Haut klebten. Ich zog mich aus und nahm eine Dusche unter dem Wasserfall. Die Kälte war wie ein Schock und raubte mir für ein paar Sekunden den Atem. Nicht einmal schreien konnte ich, obwohl ich es gerne getan hätte. Danach ging ich zur Fel-

senmulde. Ich setzte mich auf den Stein und ließ die Füße ins Wasser baumeln. Zwei kleine, schwarze Krebse krabbelten auf dem Boden herum. Bevor mich einer von ihnen in die Zehen kneifen konnte, stand ich auf, zog mich wieder an und ging hinunter zum Mittagessen.
Nach dem Kaffee wollte Vater zum Sindaco, um sich die neuen Pläne anzusehen. Mutter und ich begleiteten ihn ins Dorf hinunter, weil wir dringend Vorräte einkaufen mußten.
«Dann treffen wir uns hinterher im Grotto», schlug Papa vor.
«Einverstanden», sagte Mama.
Wir hatten ganz schön zu schleppen, und natürlich waren wir lange vor ihm da. Ich hatte mein zweites Glas Orangina fast ausgetrunken, als er endlich kam.
«Und, wie war's?» fragte Mama.
«Ich bin je länger je mehr davon überzeugt, daß da eine ganz große Schweinerei im Gang ist. Stell dir mal vor, jetzt haben sie die alten Vermessungspläne einfach vernichtet.»
«Dürfen die denn das?»
«Wohl kaum. Auf jeden Fall scheint mir dieses Vorgehen reichlich verdächtig. Und der Gipfel ist, daß sie uns als Ersatz einen Streifen Land unterhalb des Hauses anbieten.»
«Was sollen wir denn damit? Da wächst ja nicht einmal Gras.»
«Das hätten die doch nie getan, wenn sie ein sauberes Gewissen hätten. Du, ich sage dir, da stinkt was ganz gewaltig zum Himmel.»
«Und was ist denn mit den neuen Plänen?» fragte Mama.
«Die sehen im Prinzip ganz vernünftig aus. Es ist eben schwierig, in einem Gelände mit so steil abfallenden Felsen alles millimetergenau zu vermessen. Nach den Be-

rechnungen des Geometers soll die Grenzlinie genau durch das Gartenhaus verlaufen.»
«Und was willst du jetzt tun?»
«Ich habe natürlich sofort eine Einsprache gemacht. Da bleibt uns wenigstens noch eine kurze Galgenfrist.»
«Was ist das, eine Einsprache?» wollte ich wissen.
«Da muß man einen Brief hinterlegen, in dem man schreibt, daß man mit der Verfügung nicht einverstanden ist und weitere Abklärungen einholen möchte. Solange diese Einsprache läuft, können sie jedenfalls nichts machen.»
Inzwischen war der Wirt herausgekommen. Vater bestellte ein Bier für sich und für Mutter noch einen Espresso. Ich bekam mein drittes Glas Orangina.
Plötzlich hatte Mutter eine Idee. «Du hast mir doch erzählt, Großvater hätte dieses Haus einem jungen Bauern abgekauft, der nach Australien auswandern wollte?»
«Ja, das war so. Warum fragst du?»
«Ein Kaufvertrag wird doch immer in zwei Exemplaren ausgefertigt. Also müßte noch irgendwo ein Doppel vorhanden sein.»
«Willst du nun schnell nach Australien fliegen und diesen Mann suchen? – Ich weiß ja nicht einmal, wie er heißt.»
«Auf der Gemeindekanzlei müßten sie es wissen.»
«Das schon. Aber seine neue Adresse haben die bestimmt auch nicht. Der wußte bei seiner damaligen Abreise doch gar nicht, wo er eines Tages landen würde.»
«Nachfragen könntest du trotzdem.»
«Wenn du meinst.» Vater nahm einen großen Schluck von seinem Bier. «Ich gehe gleich nochmals hinüber. Es ist ja nur um die Ecke.»
Fünf Minuten später war er wieder da.
«Hast du den Namen?» fragte Mama.

«Patocchi», sagte Papa. «Giovanni Patocchi.»
«Das ist doch schon was.»
«Aber es hilft uns nicht weiter.»
«Wir müssen jede Spur verfolgen, auch die kleinste.»
«Von einer Adresse in Australien hatten sie natürlich keine Ahnung, genau wie ich gedacht habe. Man hat nie wieder etwas von diesem Patocchi gehört.»
«Vergiß den Namen trotzdem nicht.»
«Keine Angst. Ich habe ihn notiert.»
Vater bezahlte, und wir machten uns auf den Rückweg. Unterwegs trafen wir Nonna Luisa, die Cornetta auf die Weide führte. Mario und Minouche waren auch bei ihr.
«Mäh», meckerte die Ziege, als sie uns erblickte.
«Mäh», meckerte ich zurück.

Ich ging in mein Zimmer, um noch ein wenig zu lesen. Einer der Helden meines Buches hieß ‹Mumpitz›, ein Name, der mir außerordentlich gefiel und den ich mir merken wollte. Er war fast so schön wie ‹Rabatz› oder ‹Struwwelwutz›.
Dann hörte ich Marios Pfiff. Ich legte das Buch aufs Bett und ging ans Fenster.
«Was machst du?» rief er herauf.
«Ich lese.»
«Willst du nicht herunterkommen? Wir sollten die Blumen und das Gemüse gießen.»
«Okay, ich komme!»

Als wir fertig waren, setzten wir uns unter die Pergola.
«Schade, daß es hier oben keinen Wasserhahn gibt», sagte Mario. «Mit einem Schlauch wären wir viel schneller fertig gewesen.»
«Wir haben doch Zeit», entgegnete ich.
Eine Mücke setzte sich auf meinen linken Handrücken,

und mit einem schnellen Schlag beförderte ich sie ins Jenseits. Ein kleiner Blutfleck blieb auf der Hand zurück.
«Tut mir leid wegen heute morgen», sagte Mario. «Ich hatte mir das zu wenig überlegt.»
«Was denn?»
«Das mit dem Sportzentrum. Es gibt ja wirklich genug andere Skipisten und Hallenbäder.»
«Schon gut. Hab's bereits vergessen.»
«Und um das Haus wäre es wirklich schade.»
«So etwas darf man einfach nicht kaputtmachen.»
«Hier denken die Leute eben anders», meinte er.
«Sicher nicht alle.»
«Aber manche schon. Sehr wahrscheinlich sind sie sogar in der Mehrheit.»
«Vater hat einmal gesagt, daß die Mehrheit nicht immer recht haben muß.»
«Du darfst nicht vergessen, wie arm die Leute hier sind. Oben im Verzascatal soll es sogar Dörfer geben, wo alle Menschen ausgewandert sind. Da stehen nur noch ein paar Ruinen herum.»
Ich dachte darüber nach, wie Monte Bosco in ein paar Jahren aussehen könnte.
«Vater war heute beim Sindaco. Er wollte sich die neuen Pläne anschauen.»
«Und? Hat er etwas herausgefunden?»
«Er will einfach nicht glauben, daß die Pläne stimmen. Und er hat nach wie vor das Gefühl, daß sich da eine riesige Schweinerei anbahnt.»
«Dann soll er doch etwas unternehmen.»
«Tut er ja.»
Ich erklärte ihm die Sache mit der Einsprache, so gut ich sie verstanden hatte. Und dann rief Mama zum Nachtessen.
In den Ferien wechseln wir immer ab mit dem Kochen.

Heute war sie an der Reihe, und sie hatte ein großartiges Ratatouille zubereitet.

«Kannst du eigentlich auch kochen?» fragte ich Mario nach dem Essen.

«Klar», erwiderte er stolz.

«Was denn?»

«Harte Eier. Ich koche die besten harten Eier von Mitteleuropa. Mein Rekord liegt bei siebunddreißigeinhalb Minuten.»

«Das muß ja ganz schön gestaubt haben beim Essen», sagte ich.

«Wie die Sahara.»

«Ein Glück, daß Ostern schon vorbei ist.»

Mario strahlte. Man kann ihm einfach nie richtig böse sein. Und gerade jetzt hatte er mir ja auch keinen Grund dazu gegeben.

Alte Geschichten und neue Spuren

Wenn ich ein Buch lese, dann ist das wie Kino im Kopf: Ich sehe alles vor mir, Menschen und Tiere, Häuser und Landschaften, den Himmel und die Erde. Es ist sogar noch viel mehr, ich rieche, schmecke, fühle; ich spüre den Wind und den Regen auf meiner Haut, und ich höre den Knall des Donners und das Rauschen des Wasserfalls. Ich versinke in eine andere Welt, aber es ist trotzdem nicht wie im Traum. Meine Träume sind ganz anders.

In jener Nacht habe ich mindestens ein halbes Dutzend Träume gehabt, aber von jedem ist mir nur ein Bruchstück in Erinnerung geblieben. Der verrückteste war wohl jener mit dem Radio:
Ich hatte dieses seltsame Kästchen wieder vor mir, aber es sah viel kleiner aus, fast wie ein Grammophon für Zwerge. Oben war eine Art Trichter befestigt, aus dem die Töne herauskamen. Und dann bin ich fast zu Tode erschrocken, als ich plötzlich Großvaters Stimme hörte. Sie klang wie von sehr weit her, und trotzdem war sie ganz deutlich zu verstehen.
«Viele Menschen wissen um die magische Kraft der Kristalle, aber nur wenige nutzen sie.»
Ich beugte mich zum Trichter hinab, um mir ja kein Wort entgehen zu lassen.
«Die Wahrheit, die aus der Tiefe kommt, liegt im Kristall verborgen.»
Es knackte ein paarmal, und danach war nur noch ein Knistern und Rauschen zu vernehmen. Ich bewegte den Stöpsel nach links und rechts, nach oben und unten, wie Mario es mir gezeigt hatte, und plötzlich war die Stimme wieder da.

«Man muß seinen Weg immer weiter gehen, und sei es bis ans Ende der Welt.»

Als ich erwachte, blieb ich einen Augenblick lang ganz still liegen. Danach bekam ich plötzlich Angst, daß ich diese seltsamen Sätze vergessen würde. Ich stand auf, machte Licht und setzte mich an den Tisch, um alles so rasch wie möglich zu notieren. Ich konnte keinen Sinn aus Großvaters Sätzen herauslesen, aber ich hatte einfach das Gefühl, daß sie wichtig sein könnten.
Dann ging ich ins Bett zurück, um weiterzuschlafen. Ich war sehr unruhig in jener Nacht und erwachte immer wieder.
Als es draußen hell wurde, stand ich auf und öffnete den Fensterladen. Leise ging ich die Treppe hinab, um mir Großvaters Wörterbuch aus dem Regal zu holen. Es war ganz still im Haus, und ich gab mir Mühe, kein Geräusch zu machen.
Oben setzte ich mich im Pyjama an den Tisch, trennte das in der Nacht beschriebene Blatt aus dem Block heraus und begann, im Buch zu blättern.
Ich hatte mich immer geärgert, wenn meine Eltern italienisch miteinander redeten, so daß ich nichts verstehen konnte. Jetzt war ich entschlossen, jeden Tag ein paar neue Wörter oder Ausdrücke, die ich mir hatte merken können, im Buch nachzuschlagen.
Wenn ich aufs Gymnasium komme, werde ich mich bestimmt fürs Italienisch anmelden. Ich habe diese Sprache schon immer gemocht, und bei manchen Leuten klingt sie wie Musik.
Das Speisekarten-Italienisch beherrschte ich einigermaßen, und so nahm ich mir für heute erst einmal ein Stück Naturkunde vor. Am Schluß sah meine Liste so aus:

Baum	albero
Stein	pietra
Fels	roccia
Ringelnatter	biscia
Hund	cane
Katze	gatto
Ziege	capra
Wasserfall	cascata d'acqua
Kobold	folletto
Fliegenpilz	ovolo malefico

Das waren zehn Wörter, und für heute mußten sie reichen. Ich versuchte, sie mir einzuprägen, und danach las ich weiter in meinem Buch. Gegen sieben Uhr hörte ich von unten, daß meine Eltern aufgestanden waren, und eine halbe Stunde später gab es Frühstück.
«Heute haben wir dich ja gar nicht wecken müssen», sagte Mama.
«Ich konnte einfach nicht mehr schlafen.»
«Hast du Probleme?»
Das sagte sie so. Ich hatte *ein* Problem, ein ganz großes.
«Probleme? Ich? Wie kommst du auf so was?»
«Normalerweise schläfst du ja morgens wie ein Murmeltier.»
Ich sagte nichts von meinem Traum. Schließlich erzählen sie mir auch nicht jeden Morgen ihre Träume.
«Aber sonst geht es dir gut?» fragte Papa.
«Mir geht es glänzend.»

«Bestimmt?»
«Bestimmt.»

«Ich bin ja gespannt, ob die Polizei schon etwas herausgefunden hat», sagte Vater.
Mutter nahm einen Schluck Kaffee. «Die hätten sich bestimmt gemeldet. Sie haben doch gesagt, sie würden uns auf dem laufenden halten.»
«Immerhin sind es jetzt schon drei Tage.»
«So etwas braucht eben seine Zeit.»
«Und inzwischen ist der Täter über alle Berge.»
Vater kaute an seinem Butterbrot herum.
«Vielleicht fahre ich heute schnell nach Bellinzona hinunter», sagte er, «ich wollte ohnehin noch Ferdinand anrufen und ihn fragen, ob und wann er kommt.»
«Mach, was du willst», sagte Mama und begann, den Tisch abzuräumen. Ich half ihr dabei, und danach ging ich zu Nonna Luisa hinüber.
«Sag mal, Nonna, du weißt so viel und sagst so wenig.»
«Ich nichts wissen. Ich nur dumme alte Nonna Luisa.»
«Du bist überhaupt nicht dumm. Und manchmal glaube ich, du weißt mehr als wir alle.»
«Warum du glauben das?»
«Am Samstag hast du genau gewußt, daß wir kommen.»
«Man kann spüren so etwas. Ich nicht brauchen Telefon.»
Ich redete um den Brei herum. Eigentlich wollte ich etwas ganz anderes wissen. Aber vielleicht war der Brei zu heiß. Ich mußte mich von einer andern Seite her an die Sache heranschleichen.
«Was ist eigentlich ein *ovolo malefico?*» fragte ich.
«Du ganz schlimmes Mädchen», sagte sie.
Jetzt war ich plötzlich keine *bella* oder *grande ragazza* mehr.
«Also, was ist es?» fragte ich.

«Du genau wissen. Sonst du nicht fragen.»
«Du hattest ihn in deiner Schürze versteckt, damals, als wir zusammen Pilze sammeln gingen. Ich hab's genau gesehen.»
«Muß man immer tun. Sonst kommen kleine Kinder, pflücken Pilz und essen. Und dann bekommen böse *colica*.»
«Was hast du mit dem Fliegenpilz gemacht?» fragte ich. «Du hast ihn ganz bestimmt nicht weggeworfen.»
«Vielleicht ich habe weggeworfen, vielleicht ich habe nicht weggeworfen. Wer soll wissen? Ist so lange her ...»
«Nonna», sagte ich, «du darfst mich nicht belügen.»
«Ich nicht lügen. Ich nur vergessen.»
Das war so etwas wie ein Stichwort. Jetzt mußte ich dranbleiben.
«Aber diesen Patocchi hast du doch gekannt?»
«Ich nicht wissen, von wem du sprechen.»
«Giovanni Patocchi. Der Mann, der sein Grundstück an meinen Großvater verkauft hat.»
«Ach, Giovanni ...»
«Ja, Giovanni. Der muß doch irgendwelche Verwandten gehabt haben?»
«Nur eine Tante. Ist lange tot.»
«Keinen Bruder? Und keine Schwester?»
Nonna Luisa schwieg eine Weile. Sie machte ein sehr nachdenkliches Gesicht.
«Du sehr klug sein. Und vielleicht, du sein alt genug zu wissen. Giovanni hatte kleine Schwester.»
«Wo ist sie? Lebt sie noch?»

Plötzlich stand ich unter Strom. Vor ein paar Wochen hatte ich mich an meiner Nachttischlampe elektrisiert, und für eine Sekunde hatte ich mich bereits im Jenseits gefühlt. Es war keine angenehme Erfahrung gewesen.

Auch jetzt in Nonna Luisas Küche spürte ich Hochspannung, selbst wenn sie mit etwas weniger Lebensgefahr verbunden war.
«Wo lebt sie denn?» wiederholte ich meine Frage.
«Niemand kann wissen. Ist so lange her.»
«Du mußt mir alles sagen, was du von ihr weißt.»
«Komm Sabina, wir hinausgehen.»
Am steinernen Tisch setzten wir uns einander gegenüber, und dann erzählte sie mir die Geschichte von Maria Patocchi.

Mit ihrem Bruder zusammen hatte sie das kleine Gut hier oben bewirtschaftet. Sie besaßen nichts außer einem Akker und etwas Weideland für die Ziegen und Schafe, aber da sie seit ihrer frühesten Jugend an ein Leben in Armut und Bescheidenheit gewöhnt waren, sahen sie keinen Grund, gegen ihr kümmerliches Dasein aufzubegehren.
Gegen Ende des Krieges hatte eine schlimme Grippewelle Monte Bosco heimgesucht. Die meisten Leute hatten kein Geld, um einen Arzt oder gar Medikamente bezahlen zu können, und damals starb rund ein Drittel der Einwohner. Unter diesen Toten waren auch die Eltern von Maria und Giovanni gewesen, und jetzt waren die beiden ganz auf sich allein gestellt.
Etwa ein Jahr später wurde Maria schwanger. Das wäre weiter nicht schlimm gewesen, wenn sie einen Mann gehabt hätte, aber sie war nicht verheiratet, und niemand im Dorf wußte, wer der Vater des Kindes war. Damals war so etwas eine schreckliche Schande, und Maria wurde von allen Leuten gemieden. Niemand wollte mehr etwas mit ihr zu tun haben.
Das Kind war bei der Geburt gestorben, und kurz danach verschwand Maria aus dem Dorf. Niemand wußte, wo sie hingegangen war, und selbst Giovanni behauptete, es

nicht zu wissen. Jedenfalls hatte man seit jenem Tag nie mehr etwas von ihr gehört.
«Was glaubst du, Nonna, lebt sie noch?»
«Wer kann wissen.»
«Du. Wenn es überhaupt jemand wissen kann, dann bist du es.»
Da war es wieder, dieses geheimnisvolle Lächeln, wie damals bei unserer Ankunft am vergangenen Samstag.
«Ja, Sabina, Nonna glauben, daß Maria noch am Leben.»
«Aber wo, Nonna, wo?»
«Weiß nur sie allein. Niemand sonst kann wissen, nur Maria und liebe Gott. Und er nichts verraten.»
Ich stand auf und ging in unser Haus hinüber. Und da war ganz schön etwas los. Mutter kniete unter dem großen Tisch, und Vater kroch auf allen Vieren auf dem Fußboden herum, als wolle er demnächst das Laufen lernen.
«Spielt ihr Verstecken?»
Meine Frage schien keine große Heiterkeit auszulösen.
«Oder fangt ihr Mäuse?»
«Hilf uns lieber», knurrte Papa.
«Er kann seine Autoschlüssel nicht mehr finden», sagte die Mutter unter dem Tisch hervor.
«Wo hat er sie denn verloren?» fragte ich.
«Im Dumme-Fragen-Stellen bist du Weltmeisterin.» Vaters Stimme klang ausgesprochen verärgert. «Wenn ich das wüßte, hätte ich sie doch längst gefunden.»
«Wann hast du sie denn zum letzten Mal in den Händen gehabt?»
«Am Sonntag abend, als wir vom Baden zurückgekommen sind.»
«Und wo hast du sie dann hingelegt?»
«Himmel, Arsch und Wolkenbruch!» schrie er. «Dieser Knallfrosch macht mich noch wahnsinnig.»

«Urknallfrosch», verbesserte ich ihn. Zum Glück ging er nicht darauf ein.
«Ich habe sie da hingesteckt, wo sie hingehören: in die Hosentasche.»
«Bist du sicher, daß du überhaupt Hosen angehabt hast?» Vater begann zu kochen, und so, wie er mich von unten herauf ansah, war er inzwischen kurz vor dem Siedepunkt angelangt.
«Jetzt will dieses Monstrum auch noch behaupten, ich wäre ohne Hosen herumgelaufen. Du hast sie wohl nicht mehr alle?»
«Natürlich bist du nicht nackt herumgelaufen», sagte ich.
«Gott sei Dank.» Er sagte das so, als ob er richtig erleichtert wäre.
«Sabine hat recht», sagte Mama plötzlich. Sie wollte sich aufrichten, und bevor ich ‹Achtung!› schreien konnte, knallte sie mit dem Kopf gegen die Unterseite der Tischplatte. Sie hatte in der Aufregung wohl vergessen, wo sie war.
«Aua!» schrie sie. Dann kroch sie hervor und ließ sich in den nächsten Stuhl sinken. Sie preßte beide Hände auf den Kopf und stöhnte.
«Tut es sehr weh?» fragte Vater. Er richtete sich ebenfalls auf und stand eine Weile ratlos mitten im Zimmer.
«Du hast deine neuen Hawaii-Shorts getragen», sagte Mutter leise, «die ohne Taschen.»
Vater schaute sie an und begann nachzudenken. Danach mußte er sich ebenfalls setzen. «Stimmt», sagte er, «das hatte ich ganz vergessen. *O Dio mio.*»
«Dann war es Stribitz», sagte ich. Warum war ich bloß nicht früher darauf gekommen?
«Was hast du gesagt?»
«Nichts.»
«Klar hast du was gesagt.»

«Nur laut gedacht.»
«Jetzt spinnt sie wirklich», meinte Papa.
Inzwischen war ich fest davon überzeugt, daß es Stribitz gewesen war. Jetzt hatte auch er seinen Beitrag geleistet. Aber wozu?
Vater hatte die Autoschlüssel gesucht, als er auf die Idee gekommen war, wir könnten wieder an den See hinunterfahren.
«Und jetzt?» fragte Papa.
«Jetzt machen wir uns eben hier einen schönen Tag», antwortete ich. «Schließlich haben wir Ferien.»
«Erst muß ich diese Schlüssel finden.»
«Die kommen dann von selbst wieder zum Vorschein.»
Stribitz ist ja nicht eigentlich boshaft. Er liebt es bloß, den Menschen ab und zu Streiche zu spielen. Und die meisten davon sind ziemlich harmlos.
«Kommst du mal mit ins Gartenhaus?»
«Was soll ich dort?» fragte er.
«Ich möchte dir was zeigen.»
«Meinetwegen. Aber danach wird weitergesucht.»
«Okay, ich helfe dir dann.»

Im Gartenhaus zeigte ich Vater den Stein, der gestern vom Schrank heruntergefallen war. Daß Rabatz ihn heruntergeschmissen hatte, sagte ich ihm natürlich nicht.
«Weißt du, was das ist?» fragte ich.
Vater schaute ihn sich sehr lange an, vor allem die drei blauen Kristalle schienen ihn außerordentlich zu interessieren.
«Woher hast du diesen Stein?»
«Aus Großvaters Sammlung. Er ist zufällig vom Schrank heruntergefallen.»
«Solche Zufälle gibt es nicht.»
«Vielleicht war gestern ein Erdbeben.»

Zum Glück ging er gar nicht auf meine Bemerkung ein. Vielleicht hatte er sie auch überhört.
«Dieser Kristall kommt in der Schweiz nur an einer einzigen Stelle vor.»
«Und wo ist das?»
«Am Pizzo della Croce.»
«Ist das weit von hier?»
«Ungefähr zwei Autostunden.»
«Ich würde gerne mal da hinfahren.»
«Wieso möchtest du das?»
«So ganz genau weiß ich es auch nicht. Bin einfach gespannt auf diesen Berg.»
Vater betrachtete noch immer den Stein.
«Sag mal», fragte ich, «ist dieser Kristall eigentlich wertvoll?»
«Das kommt drauf an.»
«Worauf?»
«Ob der Finder eine besondere Beziehung zu ihm hatte.»
«Die hatte Großvater ganz sicher.»
«Ja, Sabine, das glaube ich auch.»
«Fahren wir morgen hin?»
«Da müßten wir zuerst die Autoschlüssel wieder haben.»
«Komm, wir gehen hinunter. Ich helfe dir beim Suchen.»

Die Sucherei blieb ohne Erfolg. Wir schoben sogar Schränke und Kommoden von den Wänden weg, krochen unter die Betten und hoben die Teppiche in die Höhe: Nichts. Stribitz hatte ganze Arbeit geleistet.
Nach dem Mittagessen ging ich in mein Zimmer, schloß die Fensterläden und begann zu lesen. Die Sonne drang durch die Jalousien und malte ein Zebramuster auf den Teppich. Nach der dritten Seite schlief ich ein.

Erst gegen drei Uhr wachte ich wieder auf. Ich ging hinunter und sah durch die offene Tür des Schlafzimmers, daß meine Eltern weg waren. Schließlich fand ich sie oben in Großvaters Garten in ihren Liegestühlen. Vaters Kopf war hinter einer Zeitung verborgen wie unter einem Zelt.
«Schlaft ihr?» fragte ich.
Vater gab einen lauten Schnarcher von sich, der die Zeitung flattern ließ.
«Da bist du ja», sagte Mama. «Möchtest du nicht auch zu uns kommen?» Sie schob die Sonnenbrille auf die Stirn und blinzelte mich an. «Es ist unwahrscheinlich heiß heute.»
Wenn ich über Mittag geschlafen habe, dauert es meistens eine ganze Weile, bis ich richtig da bin und mein geistiges Uhrwerk wieder normal tickt.
«Na, was ist?» Ihre Stimme klang wie von weit her.
«Okay», sagte ich, «ich komme gleich.»
Ich ging wieder hinunter. Mein Badeanzug, den ich am Sonntag getragen hatte, hing noch immer an der Wäscheleine, obwohl er längst trocken war. Bei mehr als dreißig Grad im Schatten war er ohnehin nicht so ganz das richtige, und abgesehen davon sehnte sich auch mein Bauchnabel nach etwas Sonne. Ich ging in mein Zimmer und zog den Bikini an. Dann nahm ich mein Buch und ging wieder in den Garten hinauf.
Da kein dritter Liegestuhl da war, legte ich mich etwas abseits ins Gras und begann zu lesen. Es waren nur noch zwanzig Seiten, und ich schaffte sie in einem Zug. Inzwischen schien Vater aufgewacht zu sein. Er nahm die Zeitung vom Kopf und stand auf.
«Jetzt brauche ich dringend eine Dusche», sagte er. Dann stellte er sich unter den Wasserfall, und ich mußte lachen, weil er prustete wie ein Seehund.

«Wollt ihr nicht auch kommen?» rief er. «Es ist herrlich!» Mama zögerte. Sie mochte dieses kalte Wasser überhaupt nicht. Dann raffte sie sich trotzdem auf, aber sie duschte ganz anders als Papa, irgendwie viel systematischer. Zuerst kamen die Hände dran, dann die Arme, und anschließend das linke und das rechte Bein. Erst zum Schluß ließ sie sich das Wasser gegen den Bauch und den Rücken spritzen, und dabei stieß sie ständig so komische Piepser aus. Die ganze Zeit achtete sie sorgsam darauf, sich das Haar nicht feuchtzumachen.

So naß, wie sie jetzt waren, wollten sie sich nicht in die Liegestühle legen. Sie spazierten ein wenig im Garten herum, um sich von der Sonne trocknen zu lassen. Als sie in der Nähe der Grabplatte bei der Kastanie angelangt waren, ging ich zu ihnen.

«Papa», sagte ich, «ich habe da etwas entdeckt. Wenn du mitkommst ins Schlößchen, zeige ich es dir.»

«Da bin ich aber gespannt.»

Im Gartenhaus holte ich das große Buch aus dem Schrank heraus und legte es auf den Tisch. Ich fing an zu blättern, und nach kurzer Zeit hatte ich das Bild gefunden, das mich an die Grabplatte erinnert hatte.

«Hast du eine Ahnung, was das sein soll?» fragte ich.

Vater schaute das Bild lange an, und danach las er den Text, der darunterstand.

«Das kommt aus Ägypten», sagte er.

«Kannst du diesen seltsamen Text verstehen?»

«Ich habe eine Vermutung, was er bedeuten könnte, aber ich bin nicht ganz sicher.»

«Das müßte man doch irgendwie herausfinden können?»

«Weißt du was? Wir nehmen das Buch ins Haus hinunter. In Großvaters Bibliothek stehen mehrere Bücher über Ägypten, vielleicht finden wir da etwas.»

«Möchtest du es denn auch wissen?» fragte ich.

«Sicher, Sabine», antwortete er. «Ich möchte es sogar ganz genau wissen.»
Wir gingen wieder hinaus, und Vater legte sich in seinen Liegestuhl neben Mama. Ich setzte mich zwischen sie auf den Boden und begann, ein paar Grashalme auszurupfen.
«Sagt mal», fragte ich nach einer Weile, «ist es sehr schlimm, wenn eine Frau ein Kind bekommt, ohne daß sie verheiratet ist?»
«Du stellst aber seltsame Fragen, Sabine», meinte Mama.
«Das ist keine Antwort», entgegnete ich.
«Auch der Storch kann sich mal verfliegen», sagte Papa.
«Ihr nehmt mich überhaupt nicht ernst.» Langsam wurde ich wütend. «Ich möchte wissen, ob es eine wirkliche Schande ist, wenn so etwas passiert.»
«Das kommt drauf an», sagte Papa.
«Worauf denn?»
«Wo man lebt. In welcher Gesellschaft und so.»
«Das verstehe ich nicht.»
«Vor wenigen Jahren war es auch in der Schweiz noch ein Skandal, wenn eine ledige Frau schwanger wurde.»
«In meiner Klasse sind zwei Kinder, die bei ihrer Mutter leben und ihren Vater noch nie gesehen haben.»
«Die Zeiten haben sich eben geändert», meinte Papa, «und man ist inzwischen etwas toleranter geworden.»
Mama war nicht ganz derselben Meinung. «In kleinen Dörfern denkt man heute noch genauso wie damals, vor allem dort, wo jeder jeden kennt.»
«In Monte Bosco, zum Beispiel?»
«Vermutlich schon», sagte Mama. «Aber warum willst du das alles wissen?»
«Einfach so.»
«Einfach so?»
«Ihr habt mir immer wieder gesagt, daß ich euch alles fra-

gen darf, was mich interessiert. Und jetzt interessiert es mich eben.»

Vorher war es nur heiß gewesen, aber jetzt wurde es richtig schwül. Auf einmal entdeckte ich auch die schwarze Wolkenwand über dem Monte Rosso. Man konnte den Gipfel schon nicht mehr erkennen.

«Wir haben dich doch über all diese Dinge aufgeklärt», sagte Mama. «Wenn zwei Menschen sich sehr liebhaben, dann kann es eben passieren, daß sie ein Kind bekommen.»

«Wenn sie nicht aufpassen», sagte ich. «Aber wie war das früher?»

«Du weißt doch, was eine Hebamme ist?»

«Sicher.»

«Früher», sagte Mama, «hat man viele Hebammen für Hexen gehalten, weil sie sich mit Kräutern, Wurzeln oder Pilzen besonders gut ausgekannt haben. Nach geheimgehaltenen Rezepten wurden daraus Salben und Tinkturen hergestellt, darunter auch solche, die zur Verhütung einer Schwangerschaft dienen konnten.»

«Das ist ja verrückt», sagte ich.

«Man hat diesen Frauen sogar unterstellt, mit dem Teufel im Bunde zu sein.»

«Und deshalb hat man sie auf dem Scheiterhaufen verbrannt?»

«Auch», sagte Mama, «aber es gab noch andere Gründe.»

Papa hatte die ganze Zeit geschwiegen. Dann sagte er: «Die Menschen waren damals viel mehr mit der Natur verbunden. Sie kannten nicht nur die Kraft der Kräuter, sondern auch jene der Steine. Sie lebten mit der Sonne, den Sternen und dem Mond. Manche wußten viel mehr, als wir heute wissen.»

«Auch über den Fliegenpilz?»

«Auch über den. Warum fragst du?»
«Die Nonna hat mal einen mit nach Hause genommen. Sie hat ihn heimlich in die Schürze gesteckt. Aber ich hab's trotzdem gesehen.»
Papa gab mir keine Antwort darauf. Stattdessen sagte er: «Die Nonna war früher selbst Hebamme. Sie kennt sich aus mit solchen Dingen.»
«Dann hätte man sie damals auch als Hexe verbrannt?»
«Vermutlich», sagte Papa.
«Ein Glück, daß sie noch lebt», sagte ich.
«Mit dem Fliegenpilz hat das überhaupt nichts zu tun.»
Vater machte ein Gesicht, als ob er wieder mal einen Vortrag halten wollte.
«Warum hat sie ihn dann mitgenommen?» fragte ich rasch.
«Vielleicht kennt sie ein altes Rezept, das man in unseren heutigen Büchern nicht mehr finden kann. Oder sie hat ihn gedörrt und zu einem feinen Pulver zermahlen, wer kann das schon wissen …»
«Glaubst du, daß mir die Nonna eines Tages das Geheimnis des Fliegenpilzes verraten wird?»
«Gott bewahre», meinte Mama.
«Hoffentlich», entgegnete Papa. «Sonst würde es ja völlig in Vergessenheit geraten.»
In diesem Augenblick knallte ein Donnerschlag herab, daß mir beinahe das Herz stillgestanden wäre. Wenige Sekunden später war auch die Sonne verschwunden.
«Schnell!» rief Papa. «Da bahnt sich was an.»
Wir räumten die Liegestühle weg, und Vater holte das große Buch aus dem Gartenhaus. Er verriegelte die Tür, und gleich danach knallte es zum zweiten Mal.
Während meine Eltern zum Haus hinunterliefen, ging ich zur Pergola und setzte mich in einen Stuhl.
Plötzlich sah ich, daß mein Buch noch auf der Wiese lag.

Ich legte es an eine geschützte Stelle hinter dem Fenstergitter.
Ich habe Gewitter immer gemocht, und ich habe nie Angst davor gehabt, von einem Blitz getroffen zu werden. So etwas wie jetzt hatte ich allerdings noch nie erlebt. Manchmal rumpelte und grollte es weit weg, und dann knallte es wieder, als hätte der Blitz unmittelbar in die Felsen hinter mir eingeschlagen.
Plötzlich klatschten die ersten, schweren Tropfen vom Himmel herab und zerspritzten auf den Steinplatten vor dem Haus.
Im Weinlaub der Pergola rauschte es heftig. Als das Wasser durch die Blätter auf mich herabzutropfen begann, machte ich mich auf den Weg zu unserem Haus. Ich genoß die warme Dusche, und ich ging so langsam, wie ich nur gehen konnte.
Unten beim Haus war Mama dabei, die Frottiertücher von der Leine zu nehmen. Mein Badeanzug hing noch immer dort, und ich nahm ihn rasch vom Strick herunter, damit er nicht völlig durchnäßt wurde. In diesem Augenblick klirrte etwas auf die Steinplatten hinab. Und da lagen sie vor mir: Papas Autoschlüssel. Sie mußten sich in meinem Badeanzug versteckt haben, als wir am Sonntag vom See zurückgekommen waren.
Unsinn – Da gab es nur einen, der sie in den Badekorb hatte schmuggeln können. Das hatten sie niemals selbst gemacht. So schlau sind Autoschlüssel nicht. So schlau ist nur Stribitz.

Ich ging ins Haus und sah, daß Vater schon wieder damit beschäftigt war, sämtliche Hosentaschen nach außen zu wenden.
«Hast du sie etwa in deine Handtasche gesteckt?» fragte er Mama.

«Dort hab ich schon zweimal nachgesehen», erwiderte sie.
Vaters Pfeife und der lederne Tabaksbeutel lagen auf dem Tisch, direkt vor meiner Nase. Als gerade niemand guckte, öffnete ich den Reißverschluß und schob die Schlüssel hinein.
«Es ist völlig sinnlos», sagte Papa. «Ich geb's auf.»
«Du hast doch noch ein Paar Ersatzschlüssel?» erinnerte sich Mama plötzlich. «Die liegen jetzt wohl in Zürich?»
«Nein», antwortete Papa. «Die sind im Handschuhfach des Wagens.»
«Großartig», meinte Mama. «Und sämtliche Türen sind abgeschlossen ...»
«Ich bin eben ein gewissenhafter Mensch.»
Ich freute mich über mein kleines Versteckspiel, und ich hatte fast gar kein schlechtes Gewissen dabei. Immer wenn Vater sich aufgeregt hat, raucht er hinterher eine Pfeife, zur Beruhigung sozusagen. Jetzt mußte es eigentlich bald so weit sein. Vorsichtshalber ging ich inzwischen in mein Zimmer hinauf.
Es war herrlich, am Fenster zu stehen und dem Gewitter zuzuschauen. Unablässig zuckten die Blitze über dem Monte Rosso, und der Regen prasselte auf das Laub der Bäume.
«Sabine!» rief Mama plötzlich.
«Ja, was ist?»
«Er hat sie!»
Ich ging hinab und machte das unschuldigste Gesicht, das ich in der Eile zustande brachte.
«Sie waren im Tabaksbeutel», sagte Papa. «Weiß der Teufel, wie die da reingekommen sind.»
«Hauptsache, sie sind wieder da», sagte ich.
Vielleicht war es besser, die beiden jetzt allein zu lassen. Ich rannte durch den Regen zu Nonna Luisa hinüber.

Lauter Rätsel und Geheimnisse

Minouche hatte furchtbar Angst vor dem Gewitter. Sie versteckte sich unter Nonnas Küchentisch und zitterte am ganzen Leib. Mario streichelte sie und versuchte sie zu beruhigen, aber bei jedem Donnerschlag zuckte sie erneut zusammen.
«Er sein sehr schrecklicher Hund», sagte Nonna Luisa. Natürlich hatte sie ‹schreckhaft› gemeint, aber ich hütete mich, ihr Deutsch zu korrigieren, denn ich wollte etwas von ihr, und da darf man die Leute nicht ärgern.
«Nonna, ich lerne jetzt italienisch», sagte ich.
«Non è vero!»
«Sì!»
«Heute morgen habe ich zehn neue Wörter gelernt.»
«Ovolo malefico?» fragte sie.
«Das auch.»
«Sprache lernen sein immer gut.»
«Aber du könntest mir doch ein wenig helfen dabei.»
«O, ich sein alt und ganz schlechtes Lehrerin.»
«Das werden wir ja sehen.»
Oben in den Wolken rumpelte es weiter, und von Zeit zu Zeit erhellte ein Blitz die dämmrige Küche.
«So, jetzt Nonna kochen Abendessen. Ihr mir helfen?»
«Mario kann nur harte Eier», sagte ich. «Aber dafür kocht er sie gleich stundenlang.»
«Das ist überhaupt nicht wahr», fuhr er auf, «bloß siebenunddreißig Minuten.»
«Dann wir kochen *insalata di patate*.»
«Patate?» fragte ich.
«Patate sind Kartoffeln», erklärte Mario.
Morgen früh werde ich mir ein paar neue Wörter vornehmen. Ein bißchen was von Gemüse sollte ich doch auch wissen.

«Mario kochen Eier», sagte Nonna, «und Sabina schneiden Zwiebeln und Käse.»
Als wir mit dem Zubereiten fertig waren, hatte sich auch das Gewitter verzogen. Bis zum Abendessen blieb noch eine Menge Zeit.
«Mario, ich möchte noch einmal ins Gartenhaus», sagte ich. «Kommst du mit?»
«Wenn du willst?»
Ich holte mir bei Papa den Schlüssel, und dann gingen wir hinauf durch den Garten. Jetzt roch die Erde ganz anders als sonst. Alles glänzte vor Nässe, die Blumen und die Blätter der Bäume, und auf dem Weg gab es überall kleine Pfützen. Nach der stechenden Hitze vom Nachmittag war die Luft jetzt lau und weich.
Oben im Haus öffnete ich den großen Schrank und zeigte Mario die Zauberlaterne.
Sie war aus bunt schimmerndem Blech konstruiert. Als Lichtquelle diente eine kleine Petroleumlampe mit einem Hohlspiegel hinter dem gläsernen Zylinder. Mario nahm ihn ab und schnupperte am Docht.
«Leer», sagte er enttäuscht.
«Ist ja auch kein Wunder», antwortete ich. «Wer weiß, wann Großvater sie zum letzten Mal angezündet hat. Aber schau mal hier!» Ich deutete auf eine Flasche im Schrank. Mario nahm sie heraus und stellte erleichtert fest, daß noch ein Rest Petroleum drin war. «Das sollte reichen», meinte er. «Und da hat's sogar einen kleinen Trichter.»
Während er sich mit dem Lämpchen beschäftigte, nahm ich die Schachteln mit den gläsernen Bildstreifen aus dem Schrank und las die aufgeklebten Etiketten:
Im Feen- und Zwergenreich
Im Land der Pyramiden
Die Nibelungen

«Wollen wir uns etwas davon ansehen?» fragte ich.
«Warum nicht?»
«Dann müssen wir das Ding mal aufbauen.»
«Aber jetzt ist es doch viel zu hell», sagte er.
«Dann gehen wir in den Turm hinüber», schlug ich vor.
«Du weißt ja, wie dunkel es dort ist, wenn die Läden geschlossen sind.»
Wir transportierten alles durch die kleine Tür und stellten die Zauberlaterne auf einen Hocker.
«Was möchtest du denn zuerst anschauen?» fragte Mario.
«Am liebsten die Bilder mit den Pyramiden.»
Während Mario die Streichhölzer vom Kaminsims holte und das Lämpchen anzündete, öffnete ich die Schachtel mit den Bildstreifen aus Ägypten. Sie waren ungefähr fünf Zentimeter hoch und fünfzehn Zentimeter lang.
«So, jetzt kann's losgehen», sagte er. Ein kreisrunder, heller Lichtfleck zeichnete sich auf der weißgekalkten Mauer des Turmes ab. Ich reichte Mario den ersten Streifen, und an der Wand erschien das verschwommene Bild der Cheops-Pyramide. Leider stand sie auf dem Kopf und zeigte mit der Spitze nach unten.
«Du mußt den Streifen umdrehen», sagte ich.
«Danke. Von selbst wäre ich wohl nie draufgekommen.»
Dann war das Bild richtig, aber immer noch verschwommen. Mario drehte am Rohr herum, das vorn aus der Laterne herausragte.
«Ist wohl keine besondere Optik», sagte er. «Aber mit der Brennweite sollte es hinkommen.»
Ich besitze zwar keine elektrische Eisenbahn, aber das will noch lange nicht heißen, daß ich mich für technische Dinge nicht interessiere. Das mit der Optik und der Brennweite müßte mir Mario gelegentlich erklären. Im Augenblick waren mir die Pyramiden wichtiger.
Plötzlich war das Bild gestochen scharf, so scharf, daß

man sogar eine Fliege auf der Pyramide herumkrabbeln sah. Es war wie im Kino, und ich war gespannt, welchen Weg sie nun einschlagen würde. Sie entschied sich dazu, wegzufliegen, und gleich danach surrte sie mir um den Kopf.
Mario schob den Glasstreifen weiter.
Da gab es Tempel, Pharaonengräber, Särge und Mumien, aber nichts, was mich an den Stein in Großvaters Garten erinnerte. Als wir mit der Schachtel durch waren, wollte ich mir die mit den Feen und Zwergen anschauen. Mario schien daran nicht sonderlich interessiert, aber er begann dann doch, die Glasstreifen hineinzuschieben.
Schon beim ersten Bild wußte ich, daß das die Schachtel war, die ich insgeheim gesucht hatte. Der kleine Kobold an der Wand war Rabatz, da gab es gar keinen Zweifel. Er sah bis in die kleinste Einzelheit so aus, wie ich ihn mir immer vorgestellt hatte. Ich war plötzlich furchtbar aufgeregt, aber ich gab mir Mühe, es Mario nicht merken zu lassen.
«Weiter», drängte ich.
Mario murmelte etwas, das wie ‹Kindergarten› klang, aber das war mir jetzt egal. Immerhin schob er den Glasstreifen auf das nächste Bild. Da war ein dünner, haariger Kerl zu sehen, mit schlauen Augen und einer langen, spitzigen Nase.
«Das ist Stribitz», sagte ich.
«Du scheinst die ja alle persönlich zu kennen.»
Vielleicht würde ich es ihm eines Tages erklären, aber nicht jetzt. Man kann ja nicht nur Briefmarken und Sportlerbildchen tauschen, sondern auch ganz andere Dinge, solche, die man in kein Album kleben kann. Wenn er mir das mit der Brennweite erklärte, könnte ich ihm dafür einen kleinen Kobold schenken, aber natürlich nicht einen von diesen hier.

«Darf ich jetzt weitermachen?» fragte er.
«Klar.»
Sie waren alle vier darauf, sogar der Schabernackel. Auf den übrigen Glasstreifen waren noch viele jener Geister und Kobolde zu sehen, von denen mir Großvater erzählt hatte. Aber ich merkte, daß Mario sein Interesse zu verlieren begann und schlug vor, daß wir den Rest ein anderes Mal anschauen könnten. Er war einverstanden, und wir räumten alles wieder in den Schrank zurück. Danach ging er hinunter, während ich mir die Bilder der vier Kobolde noch einmal in Erinnerung rief.

Manchmal frage ich mich, wie die sich eigentlich vermehren. Noch nie hat jemand einen weiblichen Zwerg gesehen, es muß also irgenwie anders funktionieren als bei den Menschen. Vielleicht ist es so, daß sie im Kopf drin entstehen, wenn man sie sich ganz fest vorzustellen versucht. Man darf dabei natürlich nicht die geringste Einzelheit vergessen, denn erst, wenn man sie sich bis zum letzten Haar ausgedacht hat, können sie zur Welt kommen. In der Bibliothek meines Vaters gibt es ein Buch, dessen Titel mir immer wieder aufgefallen ist. Es heißt ‹Kopfgeburten› und ist vermutlich ein Roman oder so etwas, denn es steht nicht bei den Gesundheitsbüchern und medizinischen Ratgebern. Ich muß gelegentlich einmal ausprobieren, ob ich auch so eine Kopfgeburt von Kobold zustande bringe.
Wenn mir Mario die Brennweite erklärt hat, bekommt er ihn als Gegengeschenk. Auch den Namen habe ich bereits, er heißt natürlich ‹Mumpitz› und trägt ein gelbschwarzes Trikot, aber mit einer 13 auf dem Rücken.
Als ich das Gefühl hatte, es würde allmählich Zeit zum Nachtessen, ging ich zu den andern hinunter.

Die Nonna hatte den Kartoffelsalat bereits auf den Steintisch hinausgestellt, und in der Küche siedete das Wasser für die Würstchen.
«*Non è possibile!*» rief sie plötzlich. Ich ging zu ihr hinein und sah, daß sie völlig ratlos vor dem Küchentisch stand.
«Was hast du denn, Nonna Luisa?»
«Da! Du mal schauen, Sabina. Du gut zählen gelernt in *scuola*. Wieviele Würstchen du zählen?»
«*Otto*», sagte ich. Zählen konnte ich auch auf italienisch.
«Und ich kaufen *dieci*. Du hören, *dieci!*»
«Vielleicht hat sich die Frau im Laden geirrt. Das kann ja vorkommen.»
«Nix geirrt. Ich ganz genau mitzählen.» Plötzlich rief sie: «Minouche! Wo sein Minouche?»
Sie lag unter dem Tisch und wedelte zufrieden mit dem Schwanz. Wären ihre Augen zu sehen gewesen, dann hätte sie uns bestimmt ganz unschuldig angeblickt. «Das war nicht Minouche, Nonna Luisa», sagte ich.
«So? Du besser wissen?»
«Ja, das war Struwwelwutz.»
Sie versuchte, mir das Wort nachzusprechen, aber weiter als bis zu «Stru-» schaffte sie es nicht.
«Ich nicht kennen», sagte sie.
«Das macht nichts.»
Es war wirklich nicht weiter schlimm, daß ein Paar Würstchen fehlte, denn ich mag sie ohnehin nicht besonders. Nach dem Essen und Abräumen blieben wir wie immer noch eine Weile am Tisch sitzen. Die Eltern unterhielten sich mit Nonna über frühere Zeiten, aber leider führten sie den größten Teil der Unterhaltung auf italienisch, und ich verstand wieder einmal nicht die Bohne.
Plötzlich fuhr Nonna Luisa auf und faßte sich mit beiden Händen an den Kopf.
«Was hast du?» fragte Papa erschrocken.

«O, ich sein unmöglich. Sein ganz dummes, altes Nonna geworden.»

«Fehlt dir was?» Auch Mama schaute sorgenvoll zu ihr hin.

«Ich alles vergessen. Immer alles vergessen. Sein *pacchetto* gekommen, kleines *pacchetto* für Großvater.»

Sie ging ins Haus, und bald danach kam sie wieder und legte ein weiches, in Packpapier gewickeltes Päckchen auf den Tisch.

«Letzte Woche mit *posta*», sagte sie. «Ich nichts aufmachen.»

Vater nahm es in die Hand und schaute sich die Adresse an. Sie war mit Bleistift geschrieben und nicht besonders gut lesbar. Ein Absender stand nicht darauf, und der Poststempel war so verwischt, daß man ihn nicht mehr lesen konnte.

«Dann wollen wir es einmal aufmachen.»

Wir waren alle gespannt, was da wohl zum Vorschein kommen würde. Vater entfernte die Schnur und faltete das Packpapier auseinander. Im Päcklein lag etwas wie ein Teppich oder Wandbehang. Wir faßten das Gewebe vorsichtig an den Ecken an und breiteten es auf dem Tisch aus.

«Ich werd verrückt», sagte ich.

«Das ist wunderschön», sagte Vater.

Auf dem gewobenen Bild war ein Mann mit einem Vogelkopf zu sehen, und er sah ganz ähnlich aus wie der in Großvaters Buch.

«Ich werd verrückt», sagte ich zum zweiten Mal.

«Wer mag das bloß geschickt haben?» fragte Mama. Es war kein Brief im Paket gewesen, nicht einmal ein Zettel.

«Die Sache wird immer rätselhafter», sagte Papa. «Jetzt muß ich dem allem wirklich auf den Grund gehen.»

Er faltete den Bildteppich sorgfältig wieder zusammen

und trug ihn ins Haus hinüber. Mario nahm das Packpapier an sich.
«Darf ich das haben?» fragte er.
«Sicher», antwortete Mama. «Du sammelst wohl Marken?»
«Schon immer», antwortete er.
Nachdem er es in sein Zimmer gebracht hatte, kam er wieder heraus und fragte: «Wollen wir noch eine Runde drehen mit Minouche?»
«Warum nicht?»

Wir wählten den gleichen Weg zur Collina wie letztes Mal. Minouche rannte kreuz und quer durch Wacholder, Ginster und Heidekraut.
«Eines Tages läuft sie kopfvoran in einen Baum», sagte ich. «Die kann ja überhaupt nichts sehen.»
«Minouche sieht genausoviel wie wir», antwortete er. «Hast du schon mal darüber nachgedacht, warum die Leute Vorhänge an die Fenster hängen?»
«Damit man nicht in ihre Wohnungen hineinsehen kann, vermute ich.»
«Stimmt. Aber hinaussehen kann man trotzdem.»
Das hatte ich mir noch gar nie richtig überlegt.
«Schau mal her!» rief Mario plötzlich. «Siehst du das?»
Ich kauerte mich neben ihm nieder, ohne genau zu wissen, was er mir eigentlich zeigen wollte.
«Das sind Fußabdrücke», sagte er. «Und sie sind ganz frisch.»
Jetzt sah ich sie auch. Der Regen hatte die Erde aufgeweicht, und irgend jemand hatte hier seine Spuren hinterlassen.
«Du hast mir doch von dem Fußabdruck bei der Pergola erzählt», sagte er. «Die Spuren hier stammen bestimmt auch von Turnschuhen.»

«Vielleicht ist ein Jogger vorbeigelaufen.»
«Das vermute ich auch», antwortete er, «aber hier in Monte Bosco gibt es nicht viele Jogger.»
«Als ich kürzlich hier oben war, ist der neue Sindaco vorbeigelaufen. Er hat mich sogar angesprochen.»
«Vermutlich ist er heute wieder hier vorbeigekommen.»
«Du glaubst doch nicht etwa ...?»
«Kannst du dich an den Fußabdruck bei der Pergola erinnern?»
«Ein wenig schon. Irgendwie sah er dem hier ähnlich. Aber ich könnte es nicht beschwören.»
«Der Sindaco ist der einzige, den ich je habe durch den Wald laufen sehen. Und er trägt fast immer Turnschuhe.»
«Du willst doch nicht etwa ihn als Einbrecher verdächtigen?»
«Warum nicht? Er hat ein großes Interesse daran, daß dieses Sportzentrum gebaut wird. Dann kann er sein Amt als Sindaco abgeben und Kurdirektor werden.»
«Aber der wird doch nicht so blöd sein, in fremde Häuser einzubrechen?»
«Er war der einzige, der eine Ahnung davon hatte, wonach er suchen mußte. Und offensichtlich hat er es auch gefunden.»
«Wenn das stimmt, was du sagst, dann müßten wir es doch sofort der Polizei melden.»
«Bis jetzt ist es nur ein Verdacht, oder so etwas wie eine Vermutung. Wir können nichts beweisen, und wir haben nichts dabei, um die Spuren zu sichern.»
«Doch», sagte ich.
«Was denn?»
«Wir können sie zudecken, wenigstens bis morgen.»
«Manchmal bist du gar nicht so dumm ...»
«... wie ich aussehe?»

«Komm, hör auf, Sabine, du bist schon recht.»

Ich hatte keine Zeit, darüber nachzudenken, ob das jetzt ein Kompliment gewesen war oder nicht. Wir sammelten Zweige und Laub, und nach einigen Minuten war von den Fußabdrücken nichts mehr zu sehen. Minouche wollte auch mithelfen, aber statt Äste herbeizuholen, schleppte sie die größten wieder vom Haufen weg und lief damit in den Wald hinein. Als wir endlich fertig waren, machten wir uns auf den Rückweg.

«Detektiv wäre doch auch ein Beruf für dich», sagte ich nach einer Weile. «Das ist doch fast so interessant wie Erfinder.»

«Ich weiß», antwortete er.

Wir gingen eine Weile schweigend nebeneinander her. Es war noch etwas in mir drin, das hinauswollte. Aber es fand das Schlupfloch nicht. Oder noch nicht.

«Wie hast du das gemeint, als du gesagt hast, ich sei schon recht?»

«Eben so. Ich finde es ganz gut, daß du da bist.»

Ich hatte inzwischen einen riesigen Kribbelkrabbel und ein dummes Gefühl im Bauch.

«Hast du eigentlich schon eine Freundin?»

Jetzt war es heraus. Zum Glück schaute mich Mario nicht an. Im Rotwerden bin ich Weltmeisterin; das schafft kaum jemand so schnell wie ich.

Der Specht hämmerte wieder gegen die Baumrinde, als wolle er mein Herzklopfen übertönen.

«Wo ist eigentlich Minouche?» fragte Mario. «Minouche!» rief er, «Minouche, komm!»

Wir blieben stehen und warteten. Keine Minouche weit und breit.

«Vielleicht ist sie schon unten», sagte ich.

«Hoffentlich.»

Als wir uns dem Haus näherten, lief sie uns schwanzwedelnd entgegen.
«Hast du uns einen Schrecken eingejagt», sagte Mario.
«Du lieber, guter, dummer Hund!» Ich kraulte sie hinter den Ohren. Minouche sagte «wuff!» und rannte zu Nonnas Haus zurück.
«Also dann, gute Nacht, Sabine», sagte Mario.
«Schlaf gut. Bis morgen.»
«*A domani.*» Er hatte sich schon halb umgedreht, und dann sagte er: «Warte.»
«Was ist?»
Er schaute erst zu Boden, als ob er schon wieder eine Spur entdeckt hätte. Dann machte er ganz schnell einen Schritt auf mich zu und gab mir einen Kuß auf die linke Wange.
«*A domani*», sagte er zum zweiten Mal und rannte davon.
Ich ging ganz langsam auf unser Haus zu. Die Dämmerung war inzwischen hereingebrochen, und über dem Dach flimmerten die ersten Sterne.
Ich fühlte mich leicht wie eine Feder, und in meinem Bauch flatterten tausend Schmetterlinge.
«Da bist du ja endlich», sagte Mama, als ich die Tür öffnete. «Wir haben uns schon Sorgen gemacht um dich.»
«Wieso? Wir hatten doch den Hund dabei.»
«Trotzdem. Man weiß ja nie, wer sich da alles so herumtreibt.»
Ich mußte an die Spuren denken, aber ich hatte keine Lust, Mama davon zu erzählen. Jetzt noch nicht.
Vater saß am Tisch im Wohnzimmer. Er hatte die Stehlampe zu sich herangezogen und blätterte in einem Bildband.
«Komm, Sabine, schau dir das an.»
Ich beugte mich über das Buch.
«Merkst du etwas?» fragte er.

«Es sieht ganz ähnlich aus wie die Zeichnung auf dem Stein.»
Er blätterte ein paar Seiten um. «Und das hier?»
«Mensch, das ist ja das Bild aus Großvaters Buch!»
«Stimmt», sagte er. «Ein paar Kleinigkeiten hat er zwar verändert, aber das ist in diesem Zusammenhang nicht so wichtig.»
«Und was soll es darstellen?»
«Der Text stammt aus den ägyptischen Totenbüchern. Es ist ein Lobgesang auf den Sonnengott Re.»
«Und daran hat Großvater geglaubt?»
Papa schwieg eine Weile. Hinter seiner Stirn arbeitete es. Er bekommt dann immer so seltsame Runzeln.
«Vielleicht hast du den Namen ‹Echnaton› schon einmal gehört. Das war der Mann der berühmten Nofretete, deren Kopf in vielen Büchern abgebildet ist.»
Ich erinnerte mich; das mußte die Frau mit dem seltsamen Hut sein.
«Aber die hatte ja bloß ein Auge», sagte ich.
«Nur die Büste. Das andere Auge muß irgendwann einmal verlorengegangen sein.»
«Schade.»
Wenn ich einmal groß bin, werde ich Archäologin und fahre nach Ägypten. Und dann werde ich so lange im Sand herumwühlen, bis ich das Auge gefunden habe.
«Echnaton war ein Revolutionär. Er hat die Vielgötterei abgeschafft und Re zum alleinigen Gott erklärt. Und da er wußte, daß das Volk stets in Bildern gedacht hatte, mußte er auch für diesen einzigen Gott ein Zeichen finden. Er wählte dafür die Sonne, und er hoffte, daß die Menschen in Ägypten das verstehen würden.»
«Und wie ging es dann weiter?»
«Er hatte natürlich sämtliche Priester gegen sich, und auch das Volk hatte Mühe mit der neuen Religion. Der

Gedanke, daß es nur noch einen einzigen Gott geben sollte, von dem man sich obendrein nicht einmal ein Bildnis machen durfte, konnte sich nur schwer durchsetzen.»

«Das ist ja fast wie in der Bibel.»

«Ja, das stimmt, Sabine. Und es gibt auch Übereinstimmungen zwischen Pharao Echnaton und König David. Beide haben ganz ähnliche Lieder geschrieben, die uns zum Glück erhalten geblieben sind. Einer der Psalmen Davids hat fast denselben Inhalt wie Echnatons berühmtes Sonnengebet.»

«Das muß ja ein ganz besonderer Mann gewesen sein.»

«Er war der größte Erneuerer der damaligen Zeit. Aber leider ist er viel zu früh gestorben. Er wurde nur ungefähr dreißig Jahre alt, und bald danach kamen die alten Priester wieder an die Macht und zerstörten sein ganzes Lebenswerk.»

Ich schaute noch einmal den Bildteppich an, der ausgebreitet auf dem Kanapee lag. Ob das wieder so eine geheimnisvolle Botschaft war?

«Wer dieses Bild wohl gewoben hat?» fragte ich.

«Großvater muß jemanden gekannt haben, der solche Arbeiten ausführt, und dort hat er vermutlich diesen Bildteppich in Auftrag gegeben. Anders kann ich mir das nicht erklären.»

«Wenn doch bloß ein Absender auf dem Paket gewesen wäre ...»

«Es war eben keiner drauf.»

«Vielleicht kann uns Nonna Luisa weiterhelfen. Sie sagt zwar immer, sie sei alt und vergeßlich, aber ich glaube ihr das nicht so ganz.»

«Ehrlich gesagt: ich auch nicht.»

«Dann frag sie doch morgen.»

«Ja, Sabine, das werde ich tun.»

Es war Nacht geworden, und vor dem Fenster funkelten die Sterne.
«Ich gehe jetzt schlafen», sagte ich.
«Gute Nacht, Sabine.»
«Gute Nacht, Papa.»
Ich duschte nur ganz kurz, und ich paßte auf, daß meine linke Wange nicht naß wurde. Darauf zog ich meinen Pyjama an und ging ins Bett, wo Anton bereits auf mich wartete.

Okay, ich gebe es zu: Bis jetzt habe ich mich ein wenig geniert, Anton zu erwähnen. Wenn man Viertel vor zwölf ist, schläft man doch nicht mehr mit Teddybären. Da tut man so, als sei man bereits ein bißchen erwachsen, wie die Eltern es eben von uns wünschen. Sie lesen eine Menge gescheiter Bücher über Erziehungsfragen und diskutieren dann nächtelang mit Freunden und Bekannten über die Probleme, die sie mit uns haben. Ob sie sich überhaupt noch daran erinnern, wie sie selber gewesen sind in jenem Alter? Einige meiner Freundinnen haben die gleiche Erfahrung gemacht wie ich. Vermutlich beginnt die Pubertät dann, wenn die Eltern anfangen, schwierig zu werden.

Anton ist ein Findelbär, und über seine Herkunft weiß niemand etwas Genaues.
Früher soll es ja immer wieder Findelkinder gegeben haben, Säuglinge, die jemand vor der Kirchentür oder beim Eingang des Pfarrhauses abgelegt hatte.
Als ich Anton fand, mußte ich an Moses denken, den man in einem Schilfkörbchen aus dem Nil herausgefischt hatte. Leider bin ich keine Pharaonentochter, und Anton hatte nicht einmal ein Körbchen. Er lag einfach auf dem Vorplatz unseres Hauses, und er fror entsetzlich, weil es

November war und den ganzen Tag geregnet hatte. Ich nahm ihn in die Wohnung und setzte ihn auf die Zentralheizung, damit er keine Lungenentzündung bekam.
Nach drei Tagen war er trocken, und in der Zwischenzeit hatte ich ihm ein grünes Höschen gestrickt. Das war ziemlich schwierig, aber zum Glück half mir Mama dabei, sonst wäre bestimmt ein Pulswärmer daraus geworden. Das war nämlich das einzige, was ich damals freihändig stricken konnte.
Als Anton wieder gesund war, meinte Mama: «Jetzt mußt du ihn aufs Fundbüro bringen.»
Etwas Schrecklicheres hätte sie überhaupt nicht sagen können.
Wir sind dann zusammen hingegangen. Der Beamte war sehr nett; er schrieb unseren Namen und die Adresse auf eine Etikette, band sie Anton um den Hals und legte ihn in einen Pappkarton. Auf dem Heimweg habe ich geheult wie noch selten in meinem Leben.
«Weißt du», hatte Mama gesagt, «irgendein kleiner Junge oder ein kleines Mädchen ist jetzt todunglücklich und sehnt sich schrecklich nach seinem Teddybären.»
«Ich auch», hatte ich geantwortet.
Es regnete noch immer. Ich war überzeugt, daß dies der Anfang einer neuen Sintflut war und daß jetzt die Welt endgültig untergehen würde. Aber diesmal war weit und breit keine Arche Noah in Sicht.

In jener Nacht hatte ich einen schrecklichen Traum. Ich lag in einer Pappschachtel und wurde ständig auf- und abgeschaukelt. Plötzlich spürte ich, wie jemand den Karton aus dem Wasser heraushob und den Deckel öffnete. Dann sah ich das Gesicht des Mannes vom Fundbüro. «Wen haben wir denn da?» fragte er. Ich brachte kein Wort heraus; mein Hals war wie zugeschnürt. Und dann merkte ich plötzlich, warum ich nicht reden konnte: Man hatte mir eine Etikette um den Hals gebunden. Drei Monate später hatten wir eine Karte vom Fundbüro erhalten, der kleine Bär sei bisher nicht abgeholt worden, und wir dürften ihn deshalb behalten.

Anton ist so klein, daß er überallhin mitkommen kann. Er paßt sogar in meine kleine Tasche, die ich zu Weihnachten bekommen habe. Und in dieser Tasche ist er auch hierher mitgereist, unter Ausschluß der Öffentlichkeit. Aber nachts, vor dem Einschlafen, da reden wir manchmal miteinander. Und das ist sehr schön.

Ich will jetzt nicht erzählen, was ich an jenem Abend mit Anton besprochen habe. Es gibt Sachen, die sind wirklich geheim. Und Anton ist der verschwiegenste Teddybär, den man sich denken kann.

Mitten im Einschlafen durchzuckte es mich wie ein elektrischer Schlag. Wenn man sich zu lange mit einem bestimmten Problem beschäftigt, wird man richtig blöd. Man läuft immer im Kreis herum und sieht nur noch die eigene Nase.

Großvater hatte Tagebuch geführt, aber nicht so, wie die meisten andern Leute. Es waren kurze Eintragungen im Taschenkalender, die er jeden Morgen nach dem Frühstück weitergeführt hatte. Das sah dann ungefähr so aus:

17.8.: Heiß und schwül. Nachmittags Brombeeren gepflückt und eingekocht. Abends Brief an F. geschrieben.

Diese Kalender hatte bestimmt niemand weggeworfen. Morgen würde ich danach suchen, und ich hatte auch eine ungefähre Ahnung, wo sie liegen könnten.

«Ach, Anton, wenn du wüßtest, wie geheimnisvoll das alles ist!»

Er gab keine Antwort. Vermutlich war er bereits eingeschlafen.

In dieser Nacht träumte ich von Großvater. Es war ein Sommertag wie jetzt, und wir wanderten an einem wilden Bergbach entlang. Das Wasser schäumte und spritzte über die Felsen, ähnlich wie in Ponte Brolla, aber dieser Bach war kleiner als die Maggia, und auch die Berge rundherum sahen anders aus. Ich hatte das Gefühl, weit oben in den Bergen zu sein. Manchmal führten schmale, steinerne Brücken über den Bach. Dann blieben wir stehen und schauten in die Tiefe, bis es mir fast schwindlig wurde.
«Wo gehen wir überhaupt hin?» fragte ich Großvater.
«Weiter oben ist ein kleines Dorf, in dem ich etwas zu erledigen habe.»
«Ist es noch weit?»
«Wir sind bald da.»
Nach der nächsten Wegbiegung sahen wir das Dorf. Es war eine Gruppe von kleinen, grauen Häusern, zwischen denen sich die Straße durchschlängelte. Mittendrin gab es ein Grotto, wo wir etwas zu trinken bekamen.
«Ich muß dich jetzt eine Weile allein lassen», sagte Großvater. «Wenn du willst, kannst du dich ja ein wenig im Dorf umsehen.»
«Ich möchte aber gerne mitkommen.»
«Nein, Sabine, das geht leider nicht.»
Ich schaute ihm nach, bis er hinter einem Haus verschwunden war, und ich hatte plötzlich furchtbar Angst, er könnte niemals mehr zurückkommen. Und dann bin ich aufgewacht.

Überraschungen

Ich glaube, den Rest der Nacht hatte ich ziemlich traumlos durchgeschlafen. Als ich hinunterging, saßen die Eltern bereits beim Frühstück.
«Ihr seid aber früh heute!»
«Vater will nach Bellinzona, bevor die große Hitze kommt. Du weißt ja, daß er sich bei der Polizei erkundigen wollte, ob sie einen Schritt weitergekommen sind.»
«Ja», sagte er, «und dann muß ich auf die Post, um Onkel Ferdinand anzurufen. Willst du mitkommen, Sabine?»
«Lieber nicht.» Ich dachte an Großvaters Tagebücher, die ich heute morgen suchen wollte. «Ich habe hier noch etwas zu erledigen.»
«Das muß ja eine furchtbar wichtige Sache sein.»
«So ist es», sagte ich.
Als Vater ins Auto stieg, kamen Mario und Minouche zu uns herüber.
«Fährst du in die Stadt?» fragte Mario.
«Ja, ich muß nach Bellinzona hinunter.»
«Darf ich mitkommen?»
«Aber sicher. Hast du denn auch Besorgungen zu machen?»
«Ich brauche etwas, das es hier oben nicht zu kaufen gibt.»
Er ließ Minouche bei uns und stieg ins Auto.
«Also, bis Mittag!» rief Vater.
Mama holte ein paar Bücher, die sie von zu Hause mitgenommen hatte, und dann machten wir uns mit Minouche auf den Weg zum Gartenhaus. Ich trug den Schlüssel, und der war ja beinahe so schwer wie die Bücher.
Während sie sich unter der Pergola einrichtete, ging ich ins Haus und begann mit der Suche nach den Tagebüchern. Zuerst durchstöberte ich den großen Schrank,

aber da waren sie nicht, und auch in der Bauerntruhe waren sie nicht zu finden.

«Rabatz!» rief ich. «So hilf mir doch!»

«Hast du etwas gesagt?» fragte Mama von draußen.

«Nein, nichts», antwortete ich, «ich führe bloß Selbstgespräche.»

«Dann ist es ja gut.»

Zuunterst im großen Regal lagen ein paar graue Kartons, von denen zwei statt einer Beschriftung bloß Zahlen trugen: *46 – 68* stand auf dem einen, und *69 – 89* auf dem andern. Ich nahm den oberen heraus und schleppte ihn zum Tisch. Mir war plötzlich eingefallen, daß das Jahreszahlen sein konnten, und ich war furchtbar gespannt, als ich den Deckel wegnahm. Und da lagen sie!

«Ich hab sie gefunden!» rief ich. «Mama, ich hab sie!»

«Was hast du gefunden?»

«Die Kalender! Großvaters Taschenkalender!»

«Na und?»

Stimmt, das hatte ich ganz vergessen. Sie konnte ja gar nicht wissen, wonach ich gesucht hatte. Inzwischen war sie nun aber doch neugierig geworden und ins Zimmer gekommen.

«Schau mal, das sind seine Tagebücher», sagte ich.

«Und was willst du damit?»

«Kannst du dich noch erinnern, daß er jeden Morgen ein paar Notizen gemacht hat?»

«Sicher. Soviel ich weiß, hat er jeweils etwas über das Wetter aufgeschrieben.»

«Auch, aber nicht nur das. Da steht viel mehr drin.»

«Glaubst du nicht, daß das unter Umständen ziemlich privat sein könnte?»

«Überhaupt nicht. Komm, schau doch mal!»

Ich hatte den obersten Kalender herausgenommen und irgendwo aufgeschlagen.

19.1.: Wieder starker Schneefall. Am Morgen - 7°. Briefe an G. und L. beantwortet. Spürte wieder das Knie und den Rücken.

«Warum interessierst du dich so für diese Kalender? Du hast doch sicher etwas zum Lesen dabei, das spannender ist als Großvaters Tagebücher.»
«Wir möchten doch alle wissen, wo dieser Teppich herkommt, den wir gestern ausgepackt haben. Wenn es ein Auftrag gewesen ist, dann könnte doch in einem der Tagebücher ein Hinweis zu finden sein, wo und bei wem er ihn bestellt hat.»
«Vielleicht hast du recht. Daran habe ich bis jetzt gar nicht gedacht.»
«Wie lange braucht man ungefähr, um so ein Bild zu weben?»
«Einige Wochen sicher. Vielleicht sogar ein paar Monate.»
«Im März ist er gestorben. Dann müßte er ihn irgendwann einmal im Sommer oder Herbst bestellt haben.»
«Kann schon sein. Vielleicht auch früher.»
Ich nahm den Kalender von 1989 und setzte mich an den Tisch.
«Dann viel Erfolg beim Suchen», sagte Mama und ging wieder hinaus, um weiterzuarbeiten.

In einem Punkt hatte sie recht gehabt, es gab wirklich spannendere Bücher als diese Kalender. Wenn Großvater bloß nicht so viele unverständliche Abkürzungen gebraucht hätte. Da stand zum Beispiel:
24.2.: Zu Besuch bei G. in P. Er will etwas unternehmen. Er traut Si. auch nicht so recht.

Tag für Tag ging ich durch, Woche für Woche. Als ich

beim April angekommen war, wurde mir auf einmal ganz seltsam zumute. Da stand nämlich:
25.3.: Sehr mild und schön. S. kommt an Ostern für vierzehn Tage. Kräuter gesucht und mit L. Eier gefärbt.

S. stand für Sabine, und L. für Nonna Luisa. Jahr für Jahr hatten sie mit Zwiebelschalen Ostereier gefärbt, und dann hatte sie Großvater im Garten versteckt. Wenn es nur irgendwie ging, hatten wir Ostern immer in Bosco-Paradiso verbracht.
Der Frühling hier oben ist für mich stets die schönste Jahreszeit gewesen. Dann ist der Garten ein Blütenmeer von Tulpen, Osterglocken und Narzissen, der Flieder und die Glyzinien blühen und verbreiten einen unbeschreiblichen Duft, und dazwischen leuchten in hellem Gelb die Mimosensträucher.
Für ein paar Augenblicke konnte ich nicht mehr weiterlesen. So viele Erinnerungen stiegen in mir hoch: das Eiersuchen frühmorgens im nassen Gras, das gemeinsame Frühstück und danach der Spaziergang in den Wald hinauf. Auch der Traum von heute nacht ging mir wieder durch den Kopf, und plötzlich hatte ich das Gefühl, daß Großvater ganz nahe war. Zwei große Tropfen fielen auf den Kalender hinunter, und ich hatte nicht einmal ein Taschentuch dabei, um sie wegzuwischen. Da ließ ich sie eben liegen und schenkte sie Großvater.
Bis jetzt hatte ich gar nicht gewußt, daß man so lautlos weinen kann. Ich schob den Kalender in die Mitte des Tisches, verschränkte die Arme und legte meinen Kopf darauf. Er war heiß und schwer, und das Würgen im Hals wurde immer stärker. Vermutlich war ich erst jetzt dabei, von Großvater richtig Abschied zu nehmen.
Als es vorüber war, las ich weiter. Ich konnte lange nichts Schlaues finden, bis ich auf folgende Eintragung stieß:

18.9.: Immer noch sommerlich warm. Reise nach B. und mit M. gesprochen. Sie will es machen. Probleme mit den Farben.

Das konnte es sein. Nein, das *mußte* es sein! Aber wo ist B.? Und wer ist M.?
Ich brachte den Kalender hinaus zu Mama. Sie war in ihre Bücher vertieft, und ich wagte es zuerst gar nicht, sie zu stören. Endlich blickte sie auf.
«Hast du etwas gefunden?»
«Vielleicht. Lies das mal.» Ich gab ihr den Kalender und wartete.
«Das ist wirklich interessant», sagte sie. «Das müssen wir unbedingt Papa zeigen.»
«Und Nonna Luisa fragen.»

Ich schaute auf all die Bücher, die Mama um sich herum ausgebreitet hatte.
«Bist du eigentlich gerne Lehrerin gewesen?»
«Sehr. Ich kann mir gar keinen schöneren Beruf vorstellen.»
«Dann hast du nie etwas anderes werden wollen?»
«O doch. Als ich ungefähr so alt war wie du jetzt, wollte ich unbedingt zum Theater. Aber vermutlich wäre ich keine besonders gute Schauspielerin geworden.»
«Davon hast du mir noch gar nie erzählt.»
«Es war eben ein Traum, und manche Träume behält man besser für sich.»
«Wie bist du denn darauf gekommen?»
«Die ganze Geschichte begann während meiner Herbstferien in Biel. Da gibt es nämlich mitten in der Altstadt ein Theater, und es ist so zwischen die Nachbarshäuser eingezwängt, daß es Probleme gab mit den Notausgängen. Und die braucht jedes Theater, falls einmal Feuer ausbrechen sollte. Das ist eine gesetzliche Vorschrift.»

«Komisch», sagte ich. «Da frage ich dich nach deinen Träumen, und du erzählst mir von Notausgängen.»
«Meine Mutter hatte in Biel eine Freundin, die im Haus neben dem Theater wohnte, und der Notausgang des zweiten Zuschauerbalkons führte direkt in ihr Schlafzimmer.»
«Das gibt es doch nicht!»
«O doch, so seltsam es klingt, aber es war wirklich so. Für mich wurde dieser Notausgang zur Eingangstür in eine andere Welt, von der ich bis dahin keine Ahnung gehabt hatte. Jedesmal, wenn Mutter bei ihrer Freundin war, habe ich mich durch diese Tür ins Theater hinübergeschlichen, um bei den Proben zuschauen zu können.»
«Bei den Proben? War denn das nicht furchtbar langweilig?»
«Überhaupt nicht. Die Schauspieler und Sänger trugen zwar noch ihre gewöhnlichen Alltagskleider, und Kulissen gab es auch keine. Die mußte man sich eben dazudenken.»
«Und an all das kannst du dich heute noch so gut erinnern?»
«Als ob es gestern gewesen wäre. Ich war wie im Fieber, wie in einem Traum. Sie probten zwei Stücke, den ‹Sommernachtstraum› von Shakespeare und Mozarts ‹Zauberflöte›. Ich habe mir von meinem Taschengeld sogar die Textbücher gekauft, und als die Ferien zu Ende waren, konnte ich bestimmt die Hälfte der Texte und Lieder auswendig.»
«Das ist ja völlig verrückt.»
Meine Mutter erzählte mir plötzlich Dinge, von denen ich bisher noch nie etwas gehört hatte. Ich versuchte, sie mir auf der Bühne vorzustellen, aber das war gar nicht so einfach. Es war sogar ziemlich schwierig.
«Was haben denn deine Eltern dazu gesagt?»

«Nicht viel. Aber ich vermute, daß ich ihnen mit meiner ewigen Singerei ziemlich an den Nerven herumgesägt habe, vor allem dann, wenn ich die Arien der ‹Königin der Nacht› ausprobiert habe.»
«Und warum bist du dann nicht Sängerin oder Schauspielerin geworden?»
«Ach, weißt du Sabine, das ist gar nicht so einfach zu erklären. Vermutlich habe ich trotz aller Begeisterung gespürt, daß es eben doch nicht ganz zur Sängerin oder Schauspielerin gereicht hätte. Und ich hatte keine große Lust, meine Karriere als zweiter Zwerg im Weihnachtsmärchen zu beenden.»
«Wenn ich einmal groß bin, fahre ich nach Ägypten und durchforsche die Wüste.»
«Was willst du denn dort?»
«Ich suche das verlorene Auge der Nofretete. Es muß noch irgendwo da herumliegen.»

Ich dachte darüber nach, wie schwierig es manchmal ist, sich seine eigene Zukunft vorzustellen. Mit meinen Freundinnen habe ich darüber nur selten gesprochen, außer vielleicht dann, wenn bei jemandem zuhause das Familienglück zu wackeln begonnen hatte. Manche Väter scheinen es nicht gerne zu sehen, wenn ihre Frauen wieder berufstätig werden möchten. Bettinas Eltern wollen sich deswegen sogar scheiden lassen.
Ihre Mutter trifft sich neuerdings jede Woche mit ein paar Freundinnen, die an ihrem Leben etwas verändern wollen. Einen Anfang dazu hat sie anscheinend bereits gemacht.
Als ihr Vater eines Morgens keine frisch gewaschene Unterhose mehr fand, müssen bei ihm sämtliche Sicherungen aufs Mal durchgebrannt sein. Aber Bettinas Mutter hatte sich nicht aus der Ruhe bringen lassen und ihm er-

klärt, sie sei gern bereit, ihm die Gebrauchsanweisung für die Waschmaschine zu erklären. Und beim nächsten Mal könne er ihre Sachen gleich mitwaschen.
«Mama, bist du eigentlich emanzipiert?» fragte ich plötzlich.
«Woher hast du dieses Wort?»
«Irgendwo aufgeschnappt, vermutlich bei Bettina.»
Ich erzählte ihr die Geschichte von der Frauengruppe und der Waschmaschine. Mama hörte geduldig zu, und manchmal konnte sie ein Schmunzeln nicht unterdrücken.
«Bettinas Vater hat das überhaupt nicht lustig gefunden.»
«Kann schon sein. Aber dieses Problem haben heute viele Männer.»
«Als sie ihm dann auch noch erklärte, wie man den Wäscheständer aufstellt und wo die Klammern sind, hat er sie eine ‹blöde Emanze› genannt.»
«Hör mal zu, Sabine. Ich mag diesen Ausdruck nicht besonders, man kann das auch anders sagen. Aber was dahintersteht, hat schon seine Berechtigung. Weißt du überhaupt, was das Wort bedeutet?»
«Bettina sagte was von vertauschten Rollen. Mutter geht ins Büro, und Vater kümmert sich um die Windeln und ums Kochen.»
«Wenn das alles so einfach wäre ...»
«Dann erklär's mir doch.»
«Später, Sabine. Ich sollte jetzt noch ein wenig arbeiten.»
Ich konnte mir meinen Vater nicht so recht als Hausmann vorstellen.
«Versprichst du mir, daß ihr euch niemals scheiden laßt?»
Sie schaute mich fassungslos an, als hätte ich eine Zimmerlinde auf dem Kopf oder einen Ring durch die Nase.
«Wie kommst du denn auf so etwas?»
«Ist mir eben so eingefallen.»

«Ich kann mir beim besten Willen nicht erklären, warum du eine solche Frage überhaupt stellen kannst.»
«Ist mir einfach so rausgerutscht.»
«Wegen Bettina?»
«Ja, auch. Sie dreht fast durch. Seit Wochen kann sie sich in der Schule nicht mehr konzentrieren, und im Notendurchschnitt liegt sie nahe beim Gefrierpunkt.»
«Warum hast du sie denn nie mit nach Hause gebracht? Ihr hättet doch zusammen die Aufgaben machen können.»
«Hab ich doch versucht, aber sie wollte einfach nicht.»
«Das ist nicht gut. Wir werden uns da etwas einfallen lassen müssen.»
Bettina ist wirklich das schwierigste Kind in unserer Klasse. Sie ist groß und mager, und beim Schwimmen kann man ihre Rippen einzeln zählen. Sie behauptet, seit Wochen nicht mehr richtig essen zu können, und wenn sie es trotzdem versuche, müsse sie es ein paar Minuten später wieder erbrechen. Sie hat eine vierundzwanzigjährige Schwester, die bereits verheiratet ist und zwei Kinder hat. Als es Bettina noch besser gegangen war, hatte sie mir einmal gesagt, daß ihre Eltern sie damals gar nicht gewollt hätten, und sie wäre eigentlich ein Betriebsunfall. Ich war zu jener Zeit noch ziemlich ahnungslos, und ich hatte große Mühe mit diesem seltsamen Satz.
«Mama», fragte ich, «bin ich eigentlich ein Wunschkind?»
«Geh und schau in den Spiegel, dann weißt du es.»

Einmal waren Freunde bei uns zu Besuch gewesen, und alle dachten, ich würde längst schlafen. Auf dem Weg zum Badezimmer habe ich gehört, jedes ungeborene Kind würde sich seine Eltern selbst auswählen. Ich habe oft darüber nachdenken müssen, ob das wohl stimmt.

Warum hatte sich Bettina dann ausgerechnet diese Eltern ausgesucht?
Ich glaube, daß ich mit meinen Eltern eine gute Wahl getroffen habe.

Plötzlich sah ich Vater durch den Garten heraufkommen. Ich ging hinaus, denn ich war gespannt, was für Neuigkeiten er mitbrachte. Er setzte sich zu Mama unter die Pergola und wischte sich mit dem Taschentuch den Schweiß ab. Im Haus drinnen hatte ich gar nicht gemerkt, wie heiß es inzwischen wieder geworden war.
«Hast du bei der Polizei etwas Neues erfahren?» fragte Mama.
«Bis jetzt sind sie vor allem diesem Fußabdruck nachgegangen. In ganz Bellinzona gibt es kein Schuhgeschäft, das solche Turnschuhe führt, und jetzt müssen sie eben weitersuchen.»
«Und sonst?»
«Ich weiß nicht, ob es richtig war, aber ich mußte meinen Verdacht wegen der verschwundenen Dokumente einfach mal loswerden. Ich habe sie nach dieser Gesellschaft gefragt, die das Sportzentrum bauen will, und ich habe sie auch darüber informiert, daß man uns ein Stück Land wegnehmen will.»
«Wie haben sie es aufgenommen?»
«Über die Gesellschaft wissen sie nichts Genaues, aber die Sache mit der Enteignung hat sie doch recht stutzig gemacht.»
«Und was geschieht jetzt weiter?»
«Zuerst wollen sie sich nach dieser Aktiengesellschaft erkundigen, und dann werden sie auch die neuen Ortspläne von Monte Bosco unter die Lupe nehmen.»
«Hast du dich auch danach erkundigt, welches Büro die Vermessungen vorgenommen hat?»

«Sicher. Es dürfte bestimmt nicht schwer sein für sie, das herauszufinden.»
«Und was ist mit Onkel Ferdinand?» fragte ich. «Hast du ihn erreichen können?»
«Es war ein bißchen schwierig, aber schließlich hat die Verbindung geklappt. Er könnte frühestens Ende nächster Woche kommen, falls es dann noch nötig sein wird.»
«Wieso denn das?» wollte Mama wissen.
«Er nimmt an einem Wettbewerb teil, und jetzt ist er in Zeitnot geraten mit seinem Beitrag. Er muß unbedingt eine angefangene Plastik fertigmachen.»
«Schade», sagte ich.
«Ja, das ist wirklich schade», sagte Papa, «ich hätte ihn auch gerne wiedergesehen.»
Unterdessen war es unerträglich heiß geworden.
«Ich gehe mich umziehen», sagte Vater.
«Warte Paps, ich muß dir was zeigen.»
«Du weißt genau, daß du mich nicht ‹Paps› nennen sollst.»
«Sorry. Das macht wohl die Hitze. In meinem Hirn beginnt es gleich zu brodeln. Aber ich muß dir trotzdem was zeigen.»
Ich ging ins Haus und holte den Kalender.
«Da, lies mal!»
Er sah sich die Eintragung an, und dann sagte er: «Das ist wirklich interessant. Das ist sogar *sehr* interessant.»
«Hab ich heute morgen entdeckt.»
«Unsere Tochter entwickelt sich ja zu einem richtigen Detektiv.»
Mama lächelte. Zum Glück hatte ich von der Hitze bereits einen roten Kopf. Aber jetzt begannen auch noch meine Ohren zu glühen.
«Stimmt», sagte ich, «ich bin eben in der Entwicklung.»
Minouche hatte sich ins Gartenhaus zurückgezogen. Jetzt

streckte sie den Kopf durch die Tür, und plötzlich fiel mir auf, daß Mario nirgends zu sehen war. Ich fragte Papa, wo er denn stecke, und ob er ihn vielleicht in Bellinzona vergessen hätte.
«Sicher nicht, Sabine. Er hatte eine große Einkaufstüte dabei, als wir heimgefahren sind, und danach ist er gleich in Nonnas Küche verschwunden. Er muß irgend etwas furchtbar Geheimnisvolles im Schilde führen.»
«Da bin ich aber gespannt.»
«Wollen wir nicht essen?» fragte Papa. «Ich habe Melonen mitgebracht.»
Wir gingen hinunter, und wie immer rannte Minouche voraus, als müsse sie einen neuen olympischen Rekord aufstellen. Aber vermutlich wollte sie nur möglichst rasch wieder in den Schatten gelangen.
«Wo ist denn Mario?» fragte ich Nonna Luisa.
«Er noch einmal weggehen», antwortete sie, «er machen große Geheimnis.»
«Wohin ist er denn gegangen?»
«Wie soll ich wissen? Er nichts sagen. Er einfach weggehen. Mit große Tasche.»
«Na denn», sagte ich und ging zu unserem Haus hinüber.

Nach dem Essen hielten wir wie meistens eine ausgiebige Siesta. Ich zog mich aus und legte mich aufs Bett, aber ich konnte nicht einschlafen. Der Schweiß lief in winzigen Bächlein überall an mir herunter, und um den Bauchnabel herum bildete sich bereits eine kleine Pfütze. Kurz bevor sie am Überlaufen war, stand ich auf und ging ins Badezimmer, um eine Dusche zu nehmen und mir wieder einmal gründlich die Haare zu waschen. Danach zog ich meinen Bikini an und ging hinauf zum Gartenhaus.
Diesmal nahm ich kein Buch mit, nur meinen kleinen

Spiegel und die Haarbürste. Ich wollte einfach allein sein, mein Haar trocknen lassen und nachdenken.
Ich hatte Jessica immer belächelt wegen ihrer Ferienabenteuer. Für mich hatten ihre Geschichten irgendwie kitschig und sentimental geklungen, und bisher war ich überzeugt gewesen, daß mir so etwas nie passieren würde. Ich bürstete mir die Haare aus und versuchte, an etwas anderes als an Mario zu denken. Es war ungefähr gleich schwer wie der Versuch, an einer senkrechten Mauer emporzuklettern.
Jetzt hatte ich zwei Probleme auf einmal, und für mein Alter schien mir das doch etwas reichlich. Ich mußte versuchen, meine Gedanken und Gefühle zu ordnen, aber ich merkte bald, daß das gar nicht so einfach war.
Genau in diesem Augenblick kam Mario durch die Gartenpforte.
«Hallo», sagte er und setzte sich neben mich auf die Bank beim Gartentisch. Er trug seine blaue Badehose und machte einen unheimlich zufriedenen Eindruck.
«Hallo», sagte ich. «War's schön in Bellinzona?» Ich hatte schon Angst gehabt, daß meine Stimme zittern würde.
«Du, Sabine, ich muß dir etwas zeigen.»
Er legte ein kleines Stück Packpapier vor mich hin, auf dem eine Briefmarke klebte.
«Schau dir das einmal ganz genau an.»
Sein Arm berührte den meinen, als er sich herüberlehnte.
«Was siehst du?»
Ich hatte keine Ahnung, was ich hätte sehen sollen. In meinem Arm begann es zu kribbeln. «Ich sehe eine Briefmarke und einen verwischten Stempel.»
«Schau ihn dir doch ganz genau an. Da!» Er beugte sich noch mehr herüber und zeigte mit dem Finger auf eine bestimmte Stelle des Stempels.

«Das sind Buchstaben», sagte ich, «vielleicht ein N und ein O.»
«Es ist kein O, sondern ein G. Und jetzt guck dir das hier an!»
«Sieht aus wie eine Eins.»
«Ist es auch», sagte er. «Die letzte Ziffer der Postleitzahl. Also muß es sich um eine ganz kleine Ortschaft handeln. Und ungefähr in der Mitte des Ortsnamens steht GN.»
«Der erste Buchstabe ist ein B», sagte ich.
«Ein was?»
«Ein B», wiederholte ich.
«Aber das kann man ja überhaupt nicht erkennen.»
«Es ist trotzdem ein B. Ich weiß es eben.»
Mario schaute mich an, als hätte ich sie nicht mehr alle.
«Ich habe mir heute morgen Großvaters Tagebücher angeschaut, und ich glaube, ich habe etwas gefunden. Komm mal mit.»
Wir gingen zusammen ins Haus, und ich zeigte ihm die Stelle im Kalender.
«Mensch, Sabine, das könnte ja wirklich hinhauen. Wenn es hier doch bloß ein Telefonbuch hätte ...»
«Was willst du denn damit?»
«Da stehen vorne die Postleitzahlen drin. Wir wissen, daß es ein ganz kleines Nest sein muß, und wir haben bereits drei von vielleicht sieben oder acht Buchstaben. Der Rest dürfte nicht mehr allzu schwierig sein.»
«Mein Gott, du bist ja fast noch gescheiter als ich.»
Mario lächelte, und jetzt kribbelte es sogar, ohne daß er mich mit dem Arm berührte.
«Was hast du eigentlich in Bellinzona gewollt?»
«Ich mußte in die Drogerie, Modellgips kaufen.»
«Modellgips? Willst du denn unter die Künstler gehen?»
Von Onkel Ferdinand wußte ich, daß Bildhauer oft damit arbeiten, aber auf das Naheliegendste kam ich natürlich

wieder einmal nicht. Aber dann machte es ‹klick› in meinem Hinterkopf, gerade noch rechtzeitig, bevor er eine Antwort auf meine dumme Frage geben konnte.
«Bist du etwa im Wald oben gewesen?»
«Klar. Ich habe ein paar Spuren ausgegossen, und jetzt müßte der Gips eigentlich trocken sein.»
«Hoffentlich hat dich niemand beobachtet.»
«Keine Angst, ich habe gut aufgepaßt. Um diese Zeit ist kein Mensch dort oben.»
«Wollen wir mal hinaufgehen?»
«Sicher. Aber ich muß noch schnell meine Tasche holen.»
Fünf Minuten später waren wir auf dem Waldweg. Mario trug wieder sein YB-Junioren-Trikot, und ich hatte mir ein T-Shirt übergezogen.
Als wir die Stelle bei der Bank erreicht hatten, nahm Mario die Zweige und das Laub weg, und dann kam der Gips zum Vorschein.
«Du hast ja gar nicht alle Abdrücke ausgegossen!»
«Den Rest überlasse ich der Polizei, damit sie eine Vergleichsmöglichkeit hat. Sonst behauptet der Jogger am Ende noch, ich hätte wer weiß wo diese Abgüsse gemacht.»
«Du solltest wirklich Detektiv werden.»
«Neuerdings gibt es auch weibliche Kripo-Beamte», antwortete Mario.
«Beamtinnen», entgegnete ich.
«Meinetwegen.»
Mario löste den Gips sorgfältig vom Boden. Es klebte ziemlich viel Erde daran, wie damals, als die Polizisten den Abdruck beim Spalier abgenommen hatten.
«Jetzt mußt du ihn im Tresor einschließen», sagte ich.
«Klar», antwortete er, «das muß man in einem solchen Fall immer tun.»

Plötzlich fiel mir etwas ein.
«Ich werd verrückt», sagte ich zu Mario.
«Hoffentlich nicht», antwortete er, «sonst nehmen sie dich nicht bei der Kripo.»
«Da will ich ja gar nicht hin. Wenn ich groß bin, suche ich mir das Auge der Nofretete.»
«Das Auge der – was?»
«Der Nofretete. Aber das hat jetzt noch Zeit.»
«Sag mal, hast du einen Sonnenstich?»
«Nein, eine Idee. Erinnerst du dich an das Kanapee unten im Haus?»
«Ja, sicher.»
«Es hat unten zwei Schubladen, in denen man die Bettwäsche verstauen kann.»
«Na und?»
«Es ist ein sehr altes Kanapee, Biedermeier oder sowas. Großvater hat mir das mal erklärt. Ein Kunstschreiner muß es vor langer Zeit angefertigt haben.»
«Komm, mach's nicht spannend.»
«Das Kanapee hat ein Geheimfach.»
«Und wo soll das sein?»
«In der Mitte. Wenn man die eine Schublade ganz herauszieht, kann man dran herankommen.»
«Ist ja verrückt», sagte Mario. «Und warum hast du mir das nicht früher erzählt?»
«Weil es mir erst jetzt eingefallen ist. Ich hatte es völlig vergessen.»
«Komm, gehen wir nachschauen.»
Er legte den Gipsabdruck in seine Tüte, und wir machten uns auf den Weg zum Haus hinunter.
Es war niemand da. Vermutlich waren meine Eltern im Garten oben und schmorten in der Sonne. Ich schlug die Kanapeedecke zurück und zog die rechte Schublade heraus.

«Jetzt müßte man eigentlich drankommen», sagte ich.
Mario kniete sich neben mich, und gemeinsam schafften wir es, das Geheimfach herauszuziehen. Es enthielt mehrere kleine Rollen, die mit Schnüren zusammengebunden waren. Wir nahmen sie heraus und trugen sie zum Tisch hinüber. Nachdem wir die Knoten gelöst hatten, sahen wir, daß es sich um lauter Landkarten handelte. Sie schienen ziemlich alt zu sein, und einige sahen sogar aus, als hätte sie Großvater selber gezeichnet.
«Ob uns das weiterhilft?» fragte Mario.
«Am besten zeigen wir sie meinem Vater. Der kennt sich aus in solchen Sachen.»
«Gut», sagte Mario. «Dann gehe ich jetzt einmal zur Telefonkabine hinunter und schreibe mir die möglichen Postleitzahlen heraus.»
«Und ich schaue mir diese Landkarten genauer an. Vermutlich wird Papa nicht so schnell herunterkommen.»
«Aber das mit dem Gipsabguß bleibt vorläufig ‹top secret›.»
«Wie meinst du das?»
«Streng geheim.»
«Klar», sagte ich.
Nachdem Mario gegangen war, entrollte ich die Landkarten noch einmal. An einigen Stellen waren kleine Kreuze eingezeichnet, und neben diesen Kreuzen standen Abkürzungen in Großvaters Handschrift. Ich hatte keine Ahnung, was diese Buchstaben bedeuten sollten, und ich hoffte, daß Mario mehr Glück hatte bei seinen Nachforschungen.
Plötzlich spürte ich etwas Weiches, Warmes an meinem rechten Bein.
«Konfuzius, du hast mich aber erschreckt!»
Er schaute mich mit seinen klugen Augen an, und als ich sein Nackenfell streichelte, begann er zu schnurren. Und dann war er mit einem Satz auf meinem Schoß.

«Aua!» schrie ich. Aber da hatte er seine Krallen längst wieder eingezogen.
«Jetzt schau dir das mal an!» Auf meinem Oberschenkel zeichneten sich vier dünne, rote Kratzer ab. «Ein guter Kater macht so etwas nicht!»
Als hätte er ein schlechtes Gewissen, begann er, die winzigen roten Tröpfchen abzulecken.
«Ist schon gut», sagte ich.
Er schaute mir kurz in die Augen, und dann leckte er weiter.
In diesem Augenblick kam mein Vater herein.
«Was machst denn du da?» fragte er.
«Nichts», antwortete ich. Und das stimmte sogar. Er kam näher an den Tisch heran und rollte einen der Pläne auseinander. «Wo hast du das her?»
«Zufällig gefunden.»
«So etwas findet man nicht per Zufall.»
«Sie waren im Kanapee. Im Geheimfach.»
Papa schaute mich an, als wäre ich der Erzengel Gabriel persönlich.
«Mein Gott, Sabine», sagte er. «Dieses Geheimfach hatte ich völlig vergessen.»
«Ich auch», sagte ich. «Bis heute nachmittag.»
Er schaute sich die Pläne an, einen nach dem andern.
«Das sind geologische Karten», sagte er schließlich.
«Nach denen habe ich die ganze Zeit gesucht.»
«Glaubst du, daß sie uns weiterhelfen werden?»
«Möglich.» Er setzte sich hin und kratzte sich an der Stirn.
«Wir müssen jede Spur verfolgen.»
«Hast du eine Ahnung, was die Kreuze und Buchstaben bedeuten?»
«Das sind Fundstellen von Mineralien, und die Buchstaben sind die lateinischen Abkürzungen davon.»

«Und was machen wir jetzt?»
«Heute machen wir gar nichts mehr. Aber morgen fahren wir in die Berge hinauf. Du kannst mitkommen, wenn du willst.»
«Ich möchte unbedingt wissen, wo dieser Stein herkommt, den ich dir im Gartenhaus gezeigt habe.»
«Genau da will ich dich hinführen.»
«Wie heißt denn der Ort?»
«Brugnone», sagte Vater.

Ich ging hinaus und setzte mich an Nonna Luisas Steintisch, um dort auf Mario zu warten. Das gibt's ja nicht, dachte ich die ganze Zeit, das ist ja völlig verrückt. Alles stimmte, die Länge des Wortes, das GN in der Mitte und das B als Anfangsbuchstabe. Brugnone ...
«Habt ihr das gehört?» sagte ich zu den Hühnern, die um den Tisch herumspazierten. Irgendwem mußte ich es sagen, und außer ihnen war niemand da. Es schien sie aber nicht sonderlich zu interessieren.
Endlich kam Minouche um die Hausecke gerannt, und ein paar Augenblicke später tauchte auch Mario auf.
«Du, ich hab's!» sagte er atemlos und setzte sich zu mir. «Es gibt nur ein einziges Dorf, das in Frage kommt.»
«Ja», sagte ich. «Brugnone. Morgen fahren wir hin.»
Mario starrte mich entgeistert an.
«Kannst du dich an den Stein erinnern, der vom Schrank gefallen war? Der kommt von dort.»

Das Ende der Welt

Manchmal dauert es eine ganze Weile, bis ich mich von einem Schock erholt habe. Als ich einmal auf meinen Rollschuhen eine Kurve falsch eingeschätzt hatte und kopfvoran in die Büsche geflogen war, hatte ich fast eine halbe Stunde gebraucht, bis ich alle Kratzer gezählt und meine Glieder neu sortiert hatte. Mario schaffte es in weniger als einer Minute, geistig wieder auf die Beine zu kommen.
«Woher hast du den Namen?» fragte er.
«Du weißt doch, daß mein Vater Geologe ist. Er hat mir erzählt, wo dieser Stein herkommt. Die Fundstelle liegt oberhalb von Brugnone in den Bergen, und es ist die einzige weit und breit.»
«Dann hätten wir ja schon früher draufkommen können.»
«Du wolltest es mir ja nicht glauben.»
«Was denn?»
«Das mit Rabatz. Er hat den Stein runtergeschmissen, um uns auf die Spur zu helfen.»
«Fang nicht schon wieder mit diesem Unsinn an.»
«Das ist kein Unsinn. Ich weiß, daß es ihn gibt.»
«*Dein* Problem», sagte Mario.
«Vielleicht», antwortete ich. «Jeder kann dazulernen, sogar du.»
«Komm, Sabine, wir wollen uns nicht streiten. Das Ganze sieht ja inzwischen schon recht erfreulich aus.»
«Finde ich auch», sagte ich. «Vergiß es.»
«Das kann ich nicht», antwortete er, «aber ein wenig seltsam erscheint es mir schon.»

Den Rest des Tages brütete Vater über den geologischen Plänen und der Straßenkarte, Mama lernte moderne Mathematik, und die Nonna kochte Polenta.

Nach dem Essen ging ich in mein Zimmer hinauf. Ich wollte endlich damit anfangen, die Erlebnisse der letzten Woche in mein Tagebuch zu schreiben, aber dann wurde mir klar, daß ich dafür mindestens fünf Tagebücher brauchen würde. Immerhin wollte ich mal einen Anfang machen, und deshalb setzte ich mich an den Tisch und lutschte am Kugelschreiber herum. Ich hatte keine Ahnung, womit ich beginnen sollte.
Mitten in mein Grübeln hinein kam Mama die Treppe herauf.
«Was machst du eigentlich, Sabine?» fragte sie.
«Ich schreibe ein Buch.»
«Schön», sagte sie, «und wovon handelt es?»
«Wenn es fertig ist, kannst du es lesen.»
«Du hast ja noch gar nicht angefangen.»
Die Tagebuchseite war leer und weiß, und der Kugelschreiber zwischen meinen Lippen schmeckte nach Plastik und sonst nach gar nichts.
«Ich habe keine Ahnung, womit ich beginnen soll.»
«Am besten mit dem Anfang.»
Es gibt Augenblicke, da könnte ich ganz laut schreien, vor allem dann, wenn jemand so kluge Bemerkungen macht.
«Mama, sei mir nicht böse», sagte ich, «aber ich möchte jetzt allein sein.»
«Wie du meinst.» Sie ging zur Tür und drehte sich dann noch einmal um. «Schlaf gut, Sabine», sagte sie.
«Danke, gleichfalls.»
Ich blieb am Tisch sitzen und schaute zum Fenster hinaus. Nonna Luisa war dabei, den Hühnerstall abzuschließen, und am Himmel kreisten bereits die ersten Fledermäuse. Es war wohl doch zu spät, heute noch mit der Geschichte anzufangen. Bei nächster Gelegenheit würde ich im Dorfladen eines dieser dicken Hefte mit Spiralbin-

dung kaufen. Vielleicht brauchte ich sogar zwei davon.

In jener Nacht träumte ich von einer Landschaft mit steilen, moosbewachsenen Felsen, wie man sie zwischen Großvaters Garten und der Collina antrifft. Plötzlich entdeckte ich hinter einem Strauch eine schmale Spalte im Fels, gerade groß genug, daß ich mich hindurchzwängen konnte. Das Seltsame war, daß ich überhaupt keine Angst hatte.
Die Spalte bildete den Eingang zu einem dunklen Gang in den Berg hinein. Hier herrschte ein eigenartiges Dämmerlicht, und plötzlich konnte ich eine Treppe erkennen, die in die Tiefe hinabführte.
Ich zögerte einen Augenblick, aber dann spürte ich, daß ich unbedingt da hinuntergehen mußte. Schon nach wenigen Schritten bemerkte ich ein schwaches, bläulich schimmerndes Licht am unteren Ende der Treppe, und als ich dort angekommen war, stand ich am Eingang zu einer Felsengrotte. Sie war über und über mit bläulich schillernden Kristallen bewachsen, die nicht nur leuchteten, sondern auch so etwas wie Töne von sich gaben. Es war wie der Klang einer Glasharmonika, vielstimmig und unwirklich, und dann wußte ich, daß es dieselbe Musik war, wie ich sie in meinem Traum in Großvaters Garten gehört hatte. Plötzlich war auch dieser eigenartige Geruch wieder da.
Ich hatte das Gefühl, daß ich nicht allein war in der Grotte, obwohl ich niemanden sehen konnte. Es mußten wohl Erdgeister sein, welche die Kristalle hüteten. Großvater hatte mir erzählt, daß sie die Gabe besäßen, sich unsichtbar zu machen, und daß nur ganz wenige Menschen sie jemals zu Gesicht bekommen hätten. Sie wären auch ganz anders als Stribitz, Rabatz und Struwwelwutz, die sich lieber über als unter der Erde aufhielten.

Plötzlich wurde das Licht in der Grotte heller und heller, und am Schluß blendete es mich so stark, daß ich davon aufwachte.

Die Morgensonne schien in mein Zimmer, da ich vor dem Schlafengehen vergessen hatte, die Läden zu schließen. Ich blieb noch eine Weile liegen, und dann entschloß ich mich, auch diesen Traum aufzuschreiben. Es mußte zwischen fünf und sechs Uhr sein, und im Haus war es noch still. Erst während des Schreibens fiel mir auf, daß die Kristalle im Traum dieselben gewesen waren wie jene in dem Stein, der vom Schrank heruntergefallen war. Nach etwa zwanzig Minuten war ich fertig, und dann hörte ich, wie jemand unten in der Küche herumhantierte. Als mir der Duft von frischem Kaffee in die Nase stieg, ging ich hinunter zum Frühstück.

«Schön, daß du schon auf bist», sagte Vater. «Wir haben einen weiten Ausflug vor uns, und es sieht so aus, als könnte es wieder recht heiß werden.»

«Seid ihr mir böse, wenn ich nicht mitkomme?» fragte Mama.

«Willst du denn schon wieder arbeiten?»

«Du weißt doch, daß ich bei dieser Hitze das Autofahren schlecht vertrage. Da würde ich euch höchstens zur Last fallen.»

«Trotzdem. Brugnone hätte ich dir gerne gezeigt. Du warst ja noch nie dort oben.»

«Vielleicht mal im Frühling, oder im Herbst.»

Als Vater und ich aus dem Haus gingen, wartete Mario bereits. Er hielt Minouche an der Leine und kam zum Auto herüber.

«Darf sie auch mitkommen?» fragte er.

«Aber sicher», antwortete Vater.

Wir drei nahmen hinten Platz, und eine halbe Minute später fuhren wir los. Mama und Nonna Luisa winkten, als würden wir eine Weltreise unternehmen und frühestens in drei Jahren zurückkommen. Selbst die Hühner winkten mit den Flügeln, als sie zur Seite flatterten.

Während der Fahrt erzählte uns Vater eine Menge über seltene Mineralien und ihre Fundorte, und daß es Leute gäbe, die fest von der geheimnisvollen Kraft der Kristalle überzeugt wären.

«Großvater hat sicher daran geglaubt», sagte ich.

«Ja, das stimmt, Sabine.»

Die Straße schlängelte sich durch viele kleine Dörfer in die Berge hinauf. Am Schluß wurde der Weg so eng, daß es jedesmal Probleme gab, wenn uns ein anderes Fahrzeug entgegenkam. Kurz vor Brugnone stand ein mit Heu beladener Esel mitten auf der Straße. Der Bauer, der ihn führte, stand hinter dem Tier und war so klein, daß wir ihn zuerst überhaupt nicht sehen konnten. Aber dann fiel mir auf, daß der Esel sechs Beine hatte, was ich ziemlich ungewöhnlich fand, vor allem, da die beiden mittleren in Hosen steckten.

Vater stellte den Motor ab, und der Esel wackelte mit den Ohren.

Zuerst geschah lange nichts. Dann kam der Bauer um das schwerbeladene Tier herum und versuchte, es auf die Seite zu ziehen. Sie sahen aus wie David und Goliath, und es war von Anfang an klar, daß der Bauer in diesem Zweikampf keine Chance hatte. Schließlich versuchte er es mit gutem Zureden, und jetzt dauerte es nur noch fünf Minuten, bis der Esel sich in Bewegung setzte. Das Heu streifte mit einem leisen Geräusch unser Auto, und Minouche bellte das Tier so laut an, daß wir uns die Ohren zuhalten mußten. Der Esel entblößte für einen Augenblick

die Zähne, aber dann schenkte er uns nur noch einen mitleidigen Blick und trottete weiter.
In Brugnone stellte Vater das Auto neben die kleine Kirche. Das Dorf schien wie ausgestorben, kein Mensch war zu sehen in den schmalen Gassen.
Wir gingen zum Grotto, das gegenüber der Kirche lag, betraten den dunklen Raum und setzten uns an einen Tisch. «Jetzt habt ihr bestimmt Durst bekommen», meinte Papa.
«Und wie», antwortete Mario.
Ein rundlicher Mann, kaum größer als ich, polterte die Treppe herunter. Als er uns sah, strahlte er über das ganze Gesicht.
Vater bestellte Mineralwasser und Bier, und der Wirt holte die Getränke herbei. Ehe er sich wieder hinter seine Theke verziehen konnte, begann Papa ein Gespräch mit ihm. Ich konnte zwar ein paar Brocken aufschnappen, aber ich wurde nicht recht klug aus ihrer Unterhaltung. Ein paarmal fiel das Wort ‹Donna Maria›, und plötzlich begann es in meinem Hinterkopf zu rumoren. Maria – so hieß doch die Schwester jenes Giovanni Patocchi, von dem mir Nonna Luisa erzählt hatte. Selbst wenn es im Tessin Tausende von Marias geben sollte, die beiden unterhielten sich über die einzige Maria, die in Frage kam und uns möglicherweise weiterhelfen konnte: Maria Patocchi.
Danach schien es mir, als würde sich Papa nach dem Weg erkundigen. Er wurde vom Wirt mit einem Wortschwall überschwemmt, aus dem Vater überhaupt nicht klug zu werden schien. Der Wirt machte dazu Bewegungen wie ein Polizist, der zum ersten Mal am Zürcher Bellevue den Verkehr regeln muß. Schließlich holte er eine holzgerahmte Schiefertafel aus einer Schublade und fing an, mit Kreide darauf herumzuzeichnen. Zuletzt machte er

ein kleines Kreuz und sagte: «Da.» Es tat richtig gut, nach so langer Zeit wieder mal ein deutsches Wort zu hören.
«Da du finden Strega Maria.»
Vater bezahlte, und wir gingen auf den Dorfplatz hinaus.
«Von jetzt an geht's zu Fuß», sagte er.
Oberhalb des Dorfes war der Weg so schmal, daß wir lange Strecken hintereinander gehen mußten. Nur Minouche war uns stets weit voraus; und es war fast so, als ob sie den Weg bereits kennen würde.
Nach einiger Zeit stießen wir auf einen kleinen Wildbach. Das Wasser spritzte und schäumte über die Felsen herunter, und an ein paar Stellen führten schmale Brükken zum andern Ufer. Auf einer von ihnen blieben wir eine Weile stehen. Da fiel mir jener Traum wieder ein, in dem ich mit Großvater durch eine ähnliche Berglandschaft gewandert war. Plötzlich hatte ich das Gefühl, daß wir unserem Ziel schon sehr nahe gekommen sein mußten. Weiter oben stießen wir auf einen zweiten Pfad, den ich ebenfalls zu kennen glaubte. An der Gabelung stand ein Wegweiser; nach rechts ging es zum Monte San Vittorio, und nach links zur Alpe alla fine del mondo.
‹25 Min.› stand in etwas kleinerer Schrift darunter.
Das gibt's ja nicht, dachte ich im ersten Augenblick.
«Hast du das gesehen?» fragte ich Mario.
Er nickte. «Jetzt wird's spannend», sagte er.
Vater wählte den linken Weg, und ich versuchte, ein paar Schritte hinter ihm zu bleiben.
«Hast du verstanden, was der Wirt zu Papa gesagt hat?» fragte ich Mario.
«Es ging um eine gewisse Maria, die da oben wohnen soll.»
«Die Strega Maria?»
Mario nickte. «Man scheint sie hier so zu nennen.»
«Was heißt denn *strega?*»

«Hexe», antwortete er.
Mir wurde es ein bißchen unheimlich. Doch dann kam mir in den Sinn, daß manche Leute das auch von Nonna Luisa sagten, und daß ich mich deswegen noch nie vor ihr gefürchtet hatte.
«Was hat er denn von dieser Maria erzählt?»
«Eigentlich erklärte er bloß den Weg, wie man zu dieser Alp kommt, und daß sie uns vielleicht gar nicht würde sehen wollen. Sie sei sehr eigenartig geworden in letzter Zeit. Sogar von den Leuten im Dorf hätte sie sich noch mehr als früher abgesondert.»
«Da können wir uns ja vielleicht auf etwas gefaßt machen.»

Nach etwa einer halben Stunde sahen wir das Haus. Es stand am Rand einer Alpwiese und war wie die meisten Häuser hier oben aus unregelmäßigen, grauen Steinen gebaut. Auch das Dach bestand aus Steinplatten.
Papa blieb stehen und drehte sich um. «Wir sind gleich da», sagte er. «Am besten bleibt ihr beide vorläufig hier. Maria scheint sehr menschenscheu zu sein, und vielleicht ist es besser, wenn ich zuerst allein hingehe. Und paßt auf, daß mir der Hund nicht nachläuft!»
Mario und ich setzten uns auf einen großen Stein am Wegrand. Plötzlich sahen wir, wie die Frau zur Tür herauskam. Sie hatte schneeweiße Haare und trug etwas auf dem Arm, das sie an einer Wäscheleine aufhängte.
«Fuß, Minouche!» befahl Mario. Hechelnd legte sie sich in den Schatten des Steins.
«Also dann», sagte Papa. «Ich hoffe, es dauert nicht allzu lange.» Er drehte sich um und ging auf das Haus zu.
Sehr wahrscheinlich hielt die Frau ihn für einen Wanderer, denn sie schien ihm keine weitere Beachtung zu schenken. Als er bei ihr angelangt war, ging er auf sie zu

wie jemand, der sich nach dem richtigen Weg erkundigt, und es sah so aus, als ob sie ihm Antwort geben würde. Wir hatten schon befürchtet, sie könnte ins Haus flüchten und ihm die Tür vor der Nase zuschlagen.
Die beiden unterhielten sich eine Zeitlang miteinander. Ein paarmal schüttelte die alte Frau den Kopf, und dann hielt sie sich plötzlich mit beiden Händen an der Stange fest, an welcher die Wäscheleine befestigt war. Vater ging noch einen Schritt näher auf sie zu und machte eine Handbewegung, als ob er sie beruhigen wollte. Ein paar Augenblicke später deutete sie zum Haus, und die beiden verschwanden in der schmalen Tür.

Mario und ich schauten zum fast kahlen Berg hinauf, der hinter dem Haus in die Höhe ragte. Obwohl die Sonne schon sehr hoch stand, lag er noch zum Teil im Schatten.
«Irgendwo dort oben muß es wohl diese Kristalle geben», sagte ich zu Mario.
«Da könnten wir lange suchen», meinte er.
«Vielleicht gibt es Leute, die sie einfach irgendwie spüren.»
«Kann schon sein. Ich habe jedenfalls noch nie einen Kristall gefunden, wenn ich in den Bergen war.»
Hoch über uns kreiste ein Vogel.
«Das muß ein Steinadler sein», sagte Mario.
«Und ich habe gedacht, die wären ausgestorben.»
«Hier gibt es noch einige, aber wer weiß, wie lange noch.»
Ich mußte wieder an dieses Sport- und Fitneßzentrum am Monte Rosso denken, an die geplanten Seilbahnen und Skipisten. Und dann überlegte ich, was Vater wohl mit Strega Maria zu besprechen hatte.
«Sag mal, Mario, glaubst du, daß es Hexen gibt?»
«Bestimmt gibt's welche. Wenn mein Fußball in den Gar-

ten unserer Nachbarin fliegt und zufällig in den Bohnen landet, – mein Gott, da müßtest du die alte Frau mal erleben!»
«So meine ich es doch nicht.»
«Wie denn?»
«Ach weißt du, das ist so schwer zu erklären. Es gibt Leute im Dorf, die behaupten, Nonna Luisa sei eine Hexe.»
«Wenn du mich fragst, ist das dummes Geschwätz.»
«Und Strega Maria?»
«Die Menschen hier oben leben völlig hinter dem Mond. Die glauben bestimmt noch an den Storch und an den Osterhasen.»
«Ich habe Nonna Luisa einmal beobachtet, wie sie heimlich einen Fliegenpilz gepflückt und in ihre Tasche gesteckt hat. Wenn ich nur wüßte, weshalb sie das gemacht hat.»
«Frag sie doch.»
«Hab ich getan. – Sie war ziemlich verlegen und wollte mir keine Antwort geben.»
«Nonna Luisa will bestimmt niemanden vergiften.»
«Das weiß ich doch selbst.»
Ich schaute zum Haus von Donna Maria hinauf. Es hatte sich nichts gerührt in der Zwischenzeit.
«Früher hat man die Hebammen als Hexen verdächtigt», sagte ich. «Sie haben alle Kräuter gekannt, und sie wußten, wie man sie anwenden muß.»
«Woher weißt du das?»
«Hat mir Vater erzählt. Sie haben auch den Himmel beobachtet, und wenn Vollmond war, haben sie einsame Bergwiesen aufgesucht, um dort herumzutanzen. Es heißt, sie hätten richtige Versammlungen abgehalten.»
«Und das alles glaubst du?»
«Nonna Luisa war früher Hebamme. Glaub mir, die weiß mehr als wir alle.»

«Und?»
«Sie wußte, daß Maria Patocchi noch lebt.»

Ein Schmetterling gaukelte über uns hinweg.
«Das ist ein Admiral», sagte Mario. «Der sucht sich wohl ein Weibchen.»
«Woher weißt du denn, daß das ein Männchen ist?»
«So etwas sieht man eben.»
«Und wenn's umgekehrt wäre?»
Da kam mir mein Gespräch mit Mama wieder in den Sinn, über Emanzipation und so. Ob sich diese Sache bereits bis zu den Schmetterlingen durchgesprochen hatte?
«Vielleicht hast du recht», sagte ich. «Jetzt glaube ich auch, daß es ein Männchen ist.»
«Es ist ein Weibchen», sagte Mario.
«Ein Männchen», entgegnete ich. So leicht würde ich mich nicht unterkriegen lassen.
«Ein Weibchen», beharrte Mario.
Manchmal streitet man sich ja wirklich über völlig idiotische Dinge, und am Schluß geht es überhaupt nicht mehr um die Wahrheit, sondern nur noch ums Rechtbehalten. Genau wie jetzt.

«Schau mal», sagte Mario.
Oben beim Haus war Vater aus der Tür gekommen. Er schaute zu uns herunter und winkte.
«Los, gehen wir», sagte Mario.
Vater wartete draußen, bis wir oben waren.
«Hört mal», sagte er, «ich glaube, daß wir in dieser mysteriösen Angelegenheit einen großen Schritt weitergekommen sind. Aber wir müssen vorsichtig sein und dürfen die Frau nicht noch mehr erschrecken, als sie es ohnehin schon ist.»

«Wieso ist sie denn so erschrocken?» fragte ich leise.
«Sie hatte keine Ahnung davon, daß Großvater gestorben ist.»
«Dann kommt der Teppich wirklich von hier?»
«Ja, Sabine, sie hat ihn hergestellt. Ein halbes Jahr hat sie daran gearbeitet. Großvater hatte ihr versprochen, er würde ihn abholen, und nachdem er so lange nicht gekommen ist, ist sie ins Dorf hinuntergegangen und hat ihn mit der Post nach Monte Bosco geschickt.»
«Jetzt mußt du ihn wohl bezahlen?» fragte Mario.
«Nein», antwortete Vater, «das Geld dafür hat sie zum voraus bekommen. Sie behauptet sogar, es wäre zuviel gewesen.»
Es war ruhig im Haus, unheimlich ruhig.
«Was macht sie jetzt?» fragte ich.
«Sie sucht nach etwas, das sie mir mitgeben will. Nach etwas sehr Wichtigem.»
«Sag, Papa, ist sie es wirklich?»
«Wer soll sie denn sein, deiner Meinung nach?»
«Du weißt es schon.»
«Ich möchte es aber trotzdem gerne von dir hören.»
«Ist sie Maria Patocchi?»
Vater schaute mich fassungslos an. Ich weiß nicht, was für eine Antwort er erwartet hatte, aber die wohl kaum.
«Woher kennst du ihren Namen?»
«Von Nonna Luisa.»
«Dann hat sie *doch* alles gewußt?»
«Nein, sie ahnt bloß, daß Maria Patocchi noch lebt. Aber sie hat keine Ahnung, wo sie damals hingezogen ist.»
«Wer's glaubt», sagte Papa.
«Hast du überhaupt gewußt, daß diese Frau hier ist?»
«Eben nicht, Sabine. Beim Grottowirt habe ich mich bloß danach erkundigt, ob er in Brugnone jemand kennt, der einen Webstuhl besitzt.»

Nur Großvater hat alles gewußt, dachte ich. Aber er hat es für sich behalten.
In diesem Augenblick erschien die Frau unter der Tür.
«*Venite*», sagte sie zu Vater.
«Wartet hier, ich komme gleich wieder.»
Von dort aus, wo ich stand, konnte ich durchs Fenster sehen. Es gab zwei Webstühle im Zimmer, beide mit angefangenen Arbeiten. Leider war es ziemlich dunkel im Raum, so daß ich die Muster nicht erkennen konnte.
Die Frau ging mit Vater auf den Tisch zu, der am Fenster stand, und öffnete einen gelben Briefumschlag. Ich sah, wie sie ein paar Papiere herausnahm und vor Vater hinlegte. Papa beugte sich darüber, und dann begann er zu strahlen wie jemand, der soeben das große Los gewonnen hat.
Nach einer Weile steckte er die Papiere wieder in den Umschlag zurück und schrieb etwas auf einen Zettel, den er Maria in die Hand drückte. Gleich danach kamen die beiden heraus.
«Das ist meine Tochter Sabine», sagte er auf italienisch.
«Und das ist ihr Freund Mario, ein Enkel von Nonna Luisa.»
Minouche bellte; sie zog es vor, sich selber vorzustellen.
Die Frau nickte uns zu, ohne uns die Hand zu geben.
Vater hielt den Briefumschlag in der Hand. «*Mille grazie*», sagte er. «*Arrivederci.*»
«*Arrivederci, Signore.*» Sie drehte sich schnell um und ging ins Haus zurück.

Es war sehr heiß geworden, und wir beeilten uns mit dem Abstieg ins Dorf hinunter. Gegen Mittag waren wir wieder im Grotto angelangt.
«Mögt ihr gebackene Forellen?» fragte Papa.
«Sicher», sagte ich.

«Und wie», meinte Mario.
Der Wirt nahm die Bestellung auf und brachte uns etwas zu trinken. Inzwischen öffnete Vater den Umschlag und legte die Papiere auf den Tisch, um sie sich genauer anzusehen.
«Was hat sie dir denn da mitgegeben?» fragte ich.
«Alles, was wir brauchen, um zu unserem – oder besser gesagt – zu Großvaters Recht zu kommen.»
«Dann hat sich ja die Reise wirklich gelohnt», meinte Mario.
«Ganz sicher», antwortete Vater. Er faltete eines der Blätter auseinander und sagte: «Das ist wirklich die Höhe. So etwas gibt es ja nicht.»
«Was hast du denn?» fragte ich.
«Schau mal her! Das ist der alte Vermessungsplan des Grundstücks.»
«Und?»
«Wenn ich mich nicht täusche, ist es genau derselbe Plan, der auf dem Gemeindebüro von Monte Bosco liegt. Nur die Grenzlinie ist anders gezogen. Irgend jemand muß sie nachträglich abgeändert haben. Und danach hat man das Original vernichtet, in der Annahme, es würde kein Doppel davon existieren. Es scheint so, als hätte sich die Fahrt nach Brugnone wirklich gelohnt.»
«Und was willst du jetzt unternehmen?» fragte ich.
«Eine ganze Menge. Aber jetzt sag mir endlich, woher du gewusst hast, wer diese Maria hier oben in Wirklichkeit ist.»
«So richtig gewußt habe ich es eigentlich nicht, nur geahnt. Nonna Luisa hat mir einmal erzählt, daß dieser Giovanni Patocchi eine Schwester hatte, die plötzlich aus dem Dorf verschwunden war. Sie erwartete ein Kind, aber sie war nicht verheiratet. So etwas soll damals sehr schlimm gewesen sein.»

«Auch heute noch wäre das in Monte Bosco kaum anders.»
«Niemand wußte, wo diese Maria hingegangen war, aber dann fand ich in Großvaters Tagebüchern den Hinweis von *M. in B.*, und Mario ist es gelungen, aus dem Stempel des Pakets, in dem der Teppich eingepackt war, die Postleitzahl von Brugnone herauszufinden.»
«Ihr habt ja gründliche Detektivarbeit geleistet», meinte Papa.
«Rabatz hat aber auch mitgeholfen», sagte ich. «Und du selbst hast mir erzählt, wo man diesen Kristall finden kann. So ist eben eins zum andern gekommen.»
«Es stimmt alles», sagte Vater. «Als Maria Patocchis Bruder nach Australien auswanderte, wollte er die Dokumente nicht mitnehmen. Er wußte als einziger, wo seine Schwester hingegangen war, und er hat sie ihr anvertraut. Ein Glück, daß sie sie nicht weggeworfen hat.»
«Großvater hat immer gewußt, wo diese Maria lebt», meinte ich.
«Das glaube ich auch», sagte Vater. «Und jetzt muß ich dringend telefonieren.»
Der Apparat war hinter dem Schanktisch an der Wand befestigt, gleich neben der Tür zur Küche.
«Darf ich mal?» fragte er den Wirt.
«*Ma si, prego, Signore.*»

Vater redete italienisch, und zudem sprach er so leise, daß nicht einmal Mario etwas verstehen konnte. Zwei Minuten später kam er an den Tisch zurück.
«Wohin hast du denn telefoniert?» fragte ich ihn.
«Nach Bellinzona. Es war höchste Zeit, die Polizei zu informieren. Sie ist sehr interessiert an diesen Unterlagen, und gegen Abend wollen ein paar Beamte in Monte Bosco vorbeikommen.»

«Hoffentlich haben sie auch den Gipsabguß und die Fotos dabei», sagte Mario.
«Du wirst es nicht glauben», antwortete Vater, «aber genau darum habe ich sie gebeten.»
«Das ist gut», sagte Mario.
Inzwischen erschien der Wirt mit einer großen, flachen Schüssel unter der Küchentür.
«*Buon appetito*», sagte er, nachdem er die Forellen auf unsere Teller verteilt hatte.
Die Fische schmeckten großartig. Ich mag es zwar nicht, wenn sie mich mit ihren toten Augen anstarren, und ich versuche dann immer, mich irgendwie von diesem Anblick abzulenken.
Das habe ich bei Onkel Ferdinand in Montpellier gelernt. Früher hätte ich nie gedacht, daß ich jemals Crevetten oder Muscheln würde essen können, ganz zu schweigen von Tintenfischen. «Das Leben ist ein riesiger Kreislauf», hatte Onkel Ferdinand gesagt. «Die Großen fressen die Kleinen, damit muß man sich einfach abfinden.» – «Muß man das wirklich?» hatte ich ihn damals gefragt. «Und wer frißt uns?» Er hatte lange nachgedacht, ehe er sagte: «Niemand. Die Menschheit ist heute so weit, daß sie ihren eigenen Untergang vorbereitet. In Südamerika holzt man die Regenwälder ab, und auch hier bei uns wird Jahr für Jahr ein weiteres Stück Natur zerstört, vor allem in den Bergen. Aber eines Tages wird die Natur zurückschlagen.»

Vater bezahlte das Essen, und wir machten uns auf die Rückfahrt. Nach ungefähr einer halben Stunde bog er in eine Seitenstraße ein, und wenig später waren wir in einem kleinen Dorf angelangt. Prado stand auf dem weißen Ortsschild.
«Was willst du denn hier?» fragte ich Papa.

«Ich muß jemanden besuchen, einen alten Freund meines Vaters. Hoffentlich ist er zu Hause.»
Er stellte den Wagen ab und stieg aus. «Schaut euch ein wenig um, es dauert bestimmt nicht lange.»
Es war zu heiß, um im Wagen sitzen zu bleiben, und darum machten wir einen kleinen Spaziergang durch das Dorf. Minouche beschnüffelte sämtliche Hausecken und markierte sie auf Hundeart. Man konnte ja nie wissen, ob nicht gelegentlich ein Kollege vorbeikam.
Am Ausgang des Dorfes begann ein Wanderweg. ‹Sentiero del drago› stand auf dem Wegweiser.
«Was heißt das?» fragte ich Mario.
«Drachenpfad», antwortete er.
Wir kehrten um und gingen zum Auto zurück, wo Vater bereits wartete.
«Gut, daß ihr kommt», sagte er, «die Hitze wird langsam unerträglich.»
Wir stiegen ein und fuhren zur Hauptstraße zurück.
«Was war denn das für ein geheimnisvoller Besuch?» fragte ich ihn.
«Der Mann heißt Giorgio Moretti und ist Maler. Er hat deinen Großvater gut gekannt.»
«Und was wolltest du jetzt von ihm?»
«Die Buchstaben *G.M.* tauchten mehrmals im letzten Tagebuch auf, und meistens in Zusammenhang mit der Abkürzung *Si*. Ich bin jetzt ziemlich sicher, was sie bedeutet, und der Mann dort oben hat mir meine Vermutungen bestätigt: Si. steht für Sindaco. Großvater hatte etwas geahnt von dem, was die Leute in Monte Bosco insgeheim planten, und er muß sehr beunruhigt gewesen sein.»
«Vielleicht ist er sogar daran gestorben», meinte ich.

Auf der Rückfahrt war es sehr heiß, und wir redeten nicht

viel miteinander. Einmal deutete Vater zu einem kleinen Seitental hinüber und sagte: «Hier hat es vor etwa fünfzig Jahren einen gewaltigen Bergsturz gegeben. Zum Glück lebte niemand da oben. Es hat längere Zeit gedauert, bis man überhaupt merkte, was passiert war. Erst als der Bach fast kein Wasser mehr führte, ist man der Sache nachgegangen. Das Geröll und der Schutt hatten ihn zu einem kleinen See aufgestaut.»
«Warst du schon mal dort?» fragte ich.
Er schüttelte den Kopf. «Das Gebiet ist recht unzugänglich. Früher gab es dort einen Pfad, aber der wurde auch verschüttet, und außerdem besteht die Gefahr, daß noch mehr Gestein herunterkommt.»
«Wie kann denn so etwas passieren?» fragte Mario.
«Geologisch gesehen zählt das Tessin zu den interessantesten Gegenden der Schweiz. Da gibt es Schrunden und Risse, die Jahr für Jahr tiefer werden, und eines Tages kann es dann geschehen, daß die Hälfte eines Berges herunterkommt. Oft genügt schon ein kleines Erdbeben oder eine leichte Erschütterung tief unten im Boden.»
«Du kannst einem ja richtig Angst machen», sagte ich.
«Der Monte Rosso gehört auch zu diesen gefährdeten Bergen», fuhr er fort. «Ich weiß nicht, was passiert, wenn man dort oben zu sprengen versucht.»
«Und das müßte man vermutlich, wenn man dieses Sportzentrum und die Gondelbahnen bauen will», meinte Mario.
«Sehr wahrscheinlich haben sie noch nicht einmal ein entsprechendes Gutachten eingeholt.»
«Wer ist denn dafür zuständig?» fragte Mario.
«Der Kanton. Alle derartigen Projekte und Bauvorhaben müssen in Bellinzona abgesegnet werden.»
«Da solltest du dich auch einmal erkundigen», meinte ich.

«Hab ich gemacht», antwortete er. «Die haben keine Ahnung davon, was in Monte Bosco alles geplant ist. Anscheinend wollen die erst dann mit ihren Plänen herausrücken, wenn das Projekt fertig vorliegt.»
«Und dazu gehört der Abbruch des Gartenhauses», sagte ich.
«Genau so sehe ich es auch.»

Gegen halb vier Uhr waren wir wieder zu Hause.
Wir fanden Mama oben im Garten beim Magnolienbaum. Sie hatte es sich im Liegestuhl bequem gemacht und war wieder einmal mit einem ihrer Bücher beschäftigt. Als Papa und ich näher kamen, legte sie es neben sich ins Gras.
«Ist alles gut gegangen?» fragte sie.
«Ich glaube schon», sagte Vater. «Ich habe jedenfalls mehr bekommen, als ich je zu wünschen gewagt hätte.»
Mama stand auf. «Kommt, ich mache euch einen Tee. Ihr seid sicher durstig nach dieser langen Fahrt.»

In der Küche unten erzählte Vater von seiner Begegnung mit Maria Patocchi und zeigte Mutter die Dokumente, die sie ihm anvertraut hatte.
«Das ist ja großartig», sagte sie, «damit sind wir bestimmt einen gewaltigen Schritt weitergekommen.»
In diesem Augenblick fuhr draußen ein Polizeiwagen vor.
«Da sind sie ja schon», sagte Papa.
«Und ich habe überhaupt nichts an», entfuhr es Mama.
Das stimmte zwar nicht, denn sie trug noch immer ihren Bikini, den sie zum Sonnenbaden angezogen hatte. Sie verschwand im Schlafzimmer, um sich etwas überzuziehen. Inzwischen ging Vater hinaus und begrüßte die beiden Beamten. Er hatte den Briefumschlag mitgenommen, und ich sah durchs Fenster, wie sie sich an

Nonna Luisas Steintisch niederließen. Da sie sich bestimmt wieder auf italienisch unterhielten, blieb ich in der Küche sitzen und goß mir noch eine zweite Tasse Tee ein. Von hier aus konnte ich beobachten, wie Mario und Minouche in der Nähe herumstrichen. Er warf ihr immer wieder einen alten Tennisball zu, den sie in der Luft zu fangen versuchte. Ein paarmal schnappte sie daneben, aber hie und da gelang ihr das kleine Kunststück. Mario machte ein Gesicht, als würde ihn nur der Hund interessieren, aber ich war überzeugt, daß er genau zuhörte, was am Tisch besprochen wurde. Er hatte bereits ganz lange Ohren.

Mama kam in ihrem weißen Sommerkleid in die Küche zurück.

«Die Beamten haben sicher auch Durst», sagte sie und setzte noch einmal Wasser auf.

Inzwischen beugten sie sich über die Dokumente, die Vater auf dem Tisch ausgebreitet hatte. Er deutete immer wieder auf eine bestimmte Stelle des Plans. Dann faltete einer der Männer das Blatt zusammen und steckte es mit den andern Papieren in den Umschlag zurück. Vermutlich wollte er die Unterlagen mitnehmen, um sie noch genauer zu überprüfen.

Plötzlich rief Vater Mario herbei. Ich konnte nicht verstehen, was er zu ihm sagte, aber ich sah, wie Mario in Nonna Luisas Haus ging und bald darauf mit seiner Einkaufstasche wieder herauskam. Einer der Polizisten war inzwischen zum Wagen gegangen und kam mit etwas Rundem, Weißem zurück. Da hielt ich es nicht mehr länger aus in der Küche.

«Mama, schau mal, jetzt vergleichen sie die Fußabdrükke!»

«Geh doch zu ihnen hinaus, wenn es dich interessiert. Ich komme gleich nach, sobald der Tee fertig ist.»

Mario hatte seinen Abguß aus der Tasche genommen und auf den Tisch gelegt, unmittelbar neben den Gipsblock, den der Polizist aus dem Auto geholt hatte.
«Identisch», sagte Popeye. «Mann, das hast du aber gut gemacht.»
Mario wurde richtig verlegen. Und ich wunderte mich, wie gut der Mann deutsch konnte. In diesem Augenblick drehte er den Kopf zu mir und fragte: «Du hast doch kürzlich im Wald oben einen Jogger beobachtet?»
«Ja», sagte ich.
«Hast du ihn erkannt?»
«Sicher, es war der Sindaco von Monte Bosco.»
«Und du hast dich ganz bestimmt nicht geirrt?»
«Auf keinen Fall. Ich habe ihn gesehen, als Sie am Samstag zum ersten Mal hier waren, und ich habe ihn sofort wiedererkannt.»
Mama kam mit einem Tablett aus der Küche und schenkte den Polizisten Tee ein.
«Seid Ihr ein Stück weitergekommen?» fragte sie.
«*Certo*», sagte der Kraushaarige mit dem Nußknackergesicht. «Mario uns sehr helfen. Machen gute Arbeit, *piccolo capitano.*»
«Und Ihre Tochter auch», fügte Popeye hinzu.
«Sabine?» fragte Mama.
«Sie hat den Jogger im Wald oben identifiziert.»
«Und was werden Sie jetzt unternehmen?» wollte Mama wissen.
«Wir gehen ins Büro des Sindaco.»
«Haben Sie denn schon einen Durchsuchungsbefehl?» fragte Vater.
«Hier ist er.» Der Beamte zog ein zusammengefaltetes Papier aus seiner schwarzen Ledertasche. «Den haben wir uns gleich nach Ihrem Anruf von heute mittag besorgt.»

«Und wissen Sie inzwischen etwas Näheres über die geplante Aktiengesellschaft?»
«Wenig. Aber Luigi Bernasconi scheint einer der Initianten zu sein.»
«Der Sindaco?»
«Sicher. Dann kommt noch hinzu, daß er in Bellinzona in einem Architekturbüro arbeitet, das vermutlich ebenfalls an der Sache beteiligt ist.»
«Sie sprechen ausgezeichnet Deutsch», sagte Vater.
«Kunststück», antwortete er. «Ich bin in Zürich geboren und aufgewachsen.»

Bisher hatte ich immer gedacht, dieser Herr Bernasconi sei von Beruf Gemeindepräsident von Monte Bosco.
«Wie kann er denn in Bellinzona arbeiten und hier Sindaco sein?» fragte ich.
«In einer so kleinen Gemeinde ist das nie ein Vollamt», erklärte Vater. «Da hätte er längst nicht genug Arbeit.»
«Es wäre denn ...» sagte Mario.
«Ja?» fragte Vater.
«Es wäre denn, Monte Bosco würde so ein Fremdenort wie Locarno oder Ascona.»
«Was Gott verhüten möge.»
«Vielleicht helfen wir dem lieben Gott ein wenig dabei», sagte ich. «Er kann ja nicht immer und überall nach dem Rechten sehen.»
«Sabine», sagte Mama. «Was erzählst du da für Geschichten.»
«Für so etwas hat er doch seine Kobolde», sagte ich. «Als Stellvertreter, sozusagen.»

Plötzlich sah ich, daß Konfuzius neben mir stand und mir zublinzelte.
«Ist schon recht, Sabine», sagte Papa. Vermutlich hatte er

das ausgesprochen, was Konfuzius mir nicht sagen konnte.
Die Polizisten bedankten sich für den Tee und gingen zu ihrem Wagen zurück.
«Wir halten Sie auf dem laufenden», sagte Popeye.

Aufregung im Dorf

«Minouche möchte bestimmt noch ein wenig laufen», meinte Mario, nachdem sie weggefahren waren.
«Ich komme mit.»
Wir wählten wieder den Weg zur Collina hinauf.
«Der Polizist hat mich gebeten, noch einmal nach den Fußabdrücken zu sehen. Es könnte sein, daß sie sie noch brauchen.»
«Und ich werde mich nach Steinpilzen umsehen. Vielleicht gibt's inzwischen ein paar neue.»
Eine Viertelstunde später waren wir oben. Der Laubhaufen schien unberührt. Vorsichtig nahmen wir die Blätter und Zweige weg; die Spuren darunter waren noch gut zu erkennen.
«Alles okay», sagte Mario und deckte sie wieder zu. «Da haben wir ja Glück gehabt.»

Auf der Sitzbank streckte ich die Beine aus und zählte meine Zehen. Sie waren alle noch da, und sie sahen aus wie die zehn kleinen Negerlein aus dem Bilderbuch. Heute abend würde ich wieder mal gründlich duschen müssen.
Mario starrte ins Laub der Bäume hinauf.
«Sabine?»
«Ja?»
«Woran denkst du?»
«So etwas fragt man nicht. Das ist indiskret.»
«Schon gut.»
Ein Eichhörnchen kletterte in einer langgezogenen Spirale an einem Buchenstamm in die Höhe.
«Woran hast denn *du* gedacht?» fragte ich.
«An Strega Maria», antwortete er.
Plötzlich sah ich das Bild der weißhaarigen Frau wieder

vor mir, und ich hörte Vaters Worte: «Das ist meine Tochter Sabine, und das ist ihr Freund Mario.»
Das Eichhörnchen war inzwischen oben angekommen. Es kletterte auf einen Ast hinaus und verschwand im Laub.
«War es dir nicht ein bißchen peinlich, als Vater dich als meinen Freund vorstellte?»
«Wieso fragst du das?»
«Nur so.»
«Es ist doch schön, einen Freund oder eine Freundin zu haben.»

Manchmal glaube ich, daß die Schmetterlinge und die Eichhörnchen es viel leichter haben als wir Menschen.
Denen kommt nicht ständig die Sprache in die Quere, wenn sie sich etwas Wichtiges mitzuteilen haben.
Ich weiß nicht, wie lange ich da saß und darauf wartete, daß das Eichhörnchen wieder herunterkam. Minouche hatte sich neben Mario unter die Bank gelegt, doch plötzlich kam sie hervor und begann zu knurren.
«Was hat sie bloß?» fragte ich.
Irgendwo in der Nähe stieß ein Vogel seinen Warnschrei aus.
«Schau dort», sagte Mario. «Der Jogger kommt.»
Der Sindaco drehte seine Feierabendrunde und kam direkt auf uns zu. Er trug wieder seinen roten Trainingsanzug mit den weißen Streifen an der Seite. Als er uns sah, blieb er stehen. Er atmete ziemlich schwer, und seine Stirn war voller Schweißtropfen. Mario hielt die noch immer knurrende Minouche am Halsband fest.
«Da ist ja unser junges Pärchen», sagte er. Vermutlich hielt er das für ausgesprochen witzig.
«Schöne Turnschuhe haben Sie», sagte Mario. Sie waren taubenblau und hatten grüne und violette Streifen.

«Wo kann man die denn kriegen?»
«Italienisches Fabrikat», antwortete er. «Wenn du auch solche haben möchtest, mußt du am Sonntag nach Cannobio auf den Markt gehen. In der Schweiz sind sie kaum zu bekommen.»
«Ich bin Torhüter in einer Schülermannschaft, und da braucht man gutes Material. Darf ich einmal das Profil sehen?»
«Bitte», sagte der Sindaco. Er winkelte ein Knie an, und Mario betrachtete die Sohle, als würde man ihm eine seltene Briefmarke zeigen.
«Sieht nicht schlecht aus», sagte er. «Und sind sie denn auch robust?»
«Sicher», antwortete der Mann. «Die hier habe ich jetzt schon ein Vierteljahr, und sie sind kaum abgenutzt.»
«Danke», sagte Mario.
«Gern geschehen», antwortete der Sindaco. «Aber jetzt muß ich runter ins Büro. Da wartet noch eine Menge Arbeit auf mich.»
Und zwei Polizisten, dachte ich, als er die Collina hinablief.
«Mario, statt Erfinder könntest du geradesogut Schauspieler werden.»
«Man tut, was man kann.»
Auch für uns wurde es allmählich Zeit, den Rückweg anzutreten.
Steinpilze fand ich diesmal keine, aber die hätten auch nicht zum Abendessen gepaßt, das Nonna Maria für uns alle gekocht hatte. Es gab Maccaroni mit Hackfleisch und Tomatensauce, und sie dufteten nach italienischen Kräutern, Sonne und Ferien. Ich weiß, das klingt ein bißchen komisch, aber so dufteten sie eben.
«Wo ist denn Vater?» fragte ich Mama.
«Im Dorf unten», antwortete sie. «Einer der Polizisten ist

noch einmal heraufgefahren und hat ihn gebeten, mitzukommen.»
«Wir haben im Wald oben den Sindaco getroffen», sagte ich. «Mario hat es geschafft, daß er ihm die Sohlen seiner Turnschuhe zeigte.»
«Und?»
«Er muß es gewesen sein», sagte Mario. «Es ist genau dasselbe Profil. Wenn der wüßte, daß er beim Aprikosenspalier seine Abdrücke hinterlassen hat ...»
Wir füllten unsere Teller bereits zum zweiten Mal.
«Laßt noch etwas für Vater übrig», sagte Mama.
«Dann muß er sich aber beeilen», antwortete ich.

Er kam erst gegen acht zurück, und er machte einen sehr zufriedenen Eindruck.
«Ich glaube, die Dinge stehen nicht schlecht für uns», meinte er.
«Mach's nicht so spannend», sagte ich. «Erzähl endlich!»
«Wir haben im Büro auf den Sindaco gewartet. Seine Frau hat uns die Tür aufgeschlossen, und die drei Beamten haben sich ein wenig umgesehen. Er selber kam erst ungefähr eine halbe Stunde später. Mensch, hat der blöd geschaut ...»
«Er war beim Joggen», sagte ich.
«Hoffentlich haben sie sich das Profil der Turnschuhe angeschaut», sagte Mario. «Es ist nämlich dasselbe wie beim Spalier hinter dem Haus.»
«Bist du sicher?»
«Hundertprozentig. Einer der Stollen ist halb abgebrochen, und das kann man auf beiden Abgüssen sehen.»
«Was sind Stollen?» fragte ich.
«Kleine Gummizäpfchen. Die braucht es vor allem dann, wenn der Boden ein wenig feucht ist, sonst fliegt man auf die Nase.»

«Und jetzt scheint der Sindaco trotz der Stollen auf die Nase gefallen zu sein.»
«Nicht trotz, sondern wegen.»
«Was doch eigentlich fast dasselbe ist», sagte ich.
«Aber das ist noch nicht alles», erklärte Papa. «Sie haben ihn auch gefragt, ob er eine Werkzeugkiste besitzt. Sie sagten, sie möchten sich die mal etwas genauer ansehen.»
«Und dann?» fragte Mario.
«Man konnte spüren, wie er immer unsicherer und nervöser wurde. Er fragte sie, weshalb sie denn so etwas brauchen würden, und es schien, als ob er keine Ahnung hätte, worauf sie eigentlich hinauswollten.»
«Der hat doch bestimmt etwas geahnt», meinte Mario.
«Das glaube ich auch», sagte Vater, «vor allem, als sie sich für die Schraubenzieher und Stechbeitel zu interessieren begannen.»
«Haben sie die mitgenommen?» fragte Mario.
«Die ganze Kiste», antwortete Vater.
«Und die Turnschuhe?»
«Auch.»
«Und den Sindaco?» fragte ich.
«Dem haben sie eine Viertelstunde Zeit gegeben, sich umzuziehen. Er wird sich auf einen vorübergehenden Wohnungswechsel gefaßt machen müssen.»
Nonna Luisa hatte die restlichen Maccaroni aufgewärmt und stellte sie vor Papa hin. «*Buon appetito*», sagte sie.
Ich ging mit Mario in den Garten hinauf, um die Blumen zu gießen. Danach setzten wir uns unter die Pergola.
«Es ist so schön hier», sagte ich. «Ich kann mir einfach nicht vorstellen, was in den Köpfen solcher Menschen vorgeht, die ein Haus wie unser Schlößchen abreißen wollen.»
«Es wird bestimmt nicht abgerissen», meinte er. «Das mit

dem Grundbuch war doch ein ganz plumper Fälschungsversuch.»
«Hoffen wir es.»
«Ich bin sicher, daß ihr euch jetzt keine Sorgen mehr zu machen braucht. Die Beweise sind doch klar und eindeutig.»
«Wenn dieses Haus abgerissen würde, könnte ich niemals mehr nach Monte Bosco kommen», sagte ich leise.
Plötzlich legte er seinen Arm um meine Schulter. Ich schwebte auf einer Wolke, und das Blut in meinen Adern begann zu singen. Es war dieselbe Musik wie in meinen Träumen.
Manchmal rast mir die Zeit davon, und manchmal scheint sie für ein paar tausend Jahre stillzustehen. Es dauerte eine ganze Weile, bis ich wieder auf die Welt kam.
«Sag mal», fragte ich Mario, «siehst du auch so komische Farben, wenn du mit geschlossenen Augen gegen die Sonne blickst?»
«Ich weiß nicht», antwortete er.
«Versuch's doch mal!»
«Warum?»
«Einfach so.»
«Wenn du meinst.»
Als ich sicher war, daß er die Augen geschlossen hatte, gab ich ihm ganz schnell einen Kuß auf die Lippen.
«Jetzt sehe ich es auch», sagte er.
«Und?»
«Es ist schön, sehr schön.»
Er machte die Augen gar nicht wieder auf, und ich begann schon zu fürchten, er sei ohnmächtig geworden.
«Lebst du noch?» fragte ich ihn.
«Es ist blau und rot, und ein bißchen lila.»
«Wie ein Regenbogen?»

«So ungefähr.»
«Du darfst die Augen jetzt wieder aufmachen.»
«Und wenn ich nicht will?»
«Dann läßt du es eben bleiben.» Der Druck seines Arms wurde stärker, aber ich könnte nicht behaupten, daß es weh getan hat.
«Jetzt bekomme ich dann gleich keine Luft mehr», sagte ich.
«Das macht nichts. Hauptsache, du bist hier.»
Das fand ich eigentlich auch.

Ich weiß nicht mehr genau, wie es dazu kam, aber plötzlich berührten sich unsere Köpfe. Marios Haare kitzelten mich an der Stirn, als ob eine Fliege da herumkrabbeln würde. Als aus dem Krabbeln ein Kribbeln wurde, schaute ich ihm ins Gesicht, und da sah ich zum ersten Mal die feinen, schwarzen Härchen auf seiner Oberlippe.
«Mein Gott, Mario, du bekommst ja einen Schnurrbart!» Ich nahm all meinen Mut zusammen und strich mit dem Zeigefinger über die dünnen Härchen.
«Nächstes Jahr werde ich vierzehn», sagte er, als ob das eine Leistung wäre. Vermutlich war er auch noch stolz darauf.
«Rasieren mußt du dich deswegen noch lange nicht.»
«Das hoffe ich auch.»
Eine Eidechse huschte unter dem Tisch hervor. Sie verharrte unbeweglich auf einer Steinplatte, und ihre smaragdgrüne Haut schimmerte in der Sonne. Ich war überzeugt, daß sie uns aus ihren schwarzen Knopfaugen beobachtete. Sie schien sich auch sehr für unser Gespräch zu interessieren.
«Du, Sabine», sagte Mario, ohne dabei die Eidechse aus den Augen zu lassen.
«Ja?»

«Ich glaube, ich mag dich.»
In meinem Kopf pochte das Blut. Es hämmerte und klopfte wie verrückt gegen meine Ohren.
«Ich dich auch», antwortete ich.
Es war wie im Fernsehen, nur schöner. Seine Lippen waren weich und warm, und ich wollte gerade die Augen schließen, als ich meine Eltern durch das Gartentor kommen sah.
Mario zog seinen Arm weg, und ich begann schrecklich zu frieren. Dabei war die Sonne noch immer nicht ganz untergegangen.
Eine Minute später waren die Eltern bei uns angelangt.
«Es scheint, daß das Gröbste überstanden ist», sagte Papa.
«Was hätten wir bloß gemacht ohne euch beide», fügte Mama hinzu. «Jetzt habt ihr euch wirklich einen Orden verdient.»
«Was soll ich mit einem Orden?» entgegnete ich. «Mousse au chocolat wäre mir lieber.»
«Oder Coupe Danemark», fügte Mario hinzu.
«Wißt ihr was?» sagte Papa. «Morgen fahren wir noch einmal an den See hinunter, und danach gibt es ein großartiges Nachtessen.»
«Mit Dessert?»
«Mit jeder Menge Dessert.»
«Das ist gut», sagte Mario.

Wir plauderten miteinander, bis die Sonne untergegangen war und die ersten Fledermäuse auftauchten. Es duftete nach frischem Heu, Glück und Frieden. Ein heller Stern leuchtete über dem Monte Rosso.
«Das ist die Venus», sagte Mario.
Plötzlich durchbrach ein leises Geräusch die Stille. Ein Kieselstein rollte vor unsere Füße und blieb unter dem

Tisch liegen. Nein, Rabatz! dachte ich. Nicht schon wieder!
Als ich mich umdrehte, sah ich Konfuzius auf dem Fenstersims sitzen. Ich habe keine Ahnung, ob Katzen lächeln können, aber ich hatte den Eindruck, als würde er es tun. Ich werde gelegentlich mal mit ihm drüber reden müssen.
Kurz danach brachen wir auf und gingen hinunter, die Eltern voraus, Mario und ich hintendrein. Vor der Gartentür nahm er meine Hand und drückte sie, und da fror ich schon viel weniger.
Nonna Luisa erwartete uns bereits. Sie hatte eine Flasche Merlot und drei Gläser auf den steinernen Tisch gestellt.
«*E i bambini?*» fragte sie. «Ihr auch etwas trinken?»
«*I bambini?*» fragte ich.
Wann hört man eigentlich auf, ein Kind zu sein? Und wann beginnt das Erwachsenwerden?
«Danke, Nonna», sagte ich. «Ich bin müde, und ich möchte jetzt gerne schlafen gehen.»
Auch Mario verabschiedete sich und ging mit Minouche ins Haus.

Ich duschte so lange, bis meine Zehen fast wieder weiß waren. Sie schafften es nicht ganz; ein wenig Sonnenbräune hatte ich wohl doch erwischt in diesen paar Tagen.
Nach dem Duschen legte ich mich aufs Bett. Ich fragte mich, woran man eigentlich merkt, daß man älter wird. In den letzten Wochen und Monaten hatte ich meine Klassenkameradinnen etwas genauer beobachtet und verschiedene Vergleiche angestellt, aber das hatte mich auch nicht viel weitergebracht.
Vielleicht ist es wie mit diesen alten Bahnhofsuhren. Der Sekundenzeiger rückt ganz langsam vor, als ob er sich

unheimlich viel Zeit lassen müßte, um oben bei der Zwölf anzukommen. Der Minutenzeiger bewegt sich überhaupt nicht; erst wenn sein großer Bruder die Zwölf erreicht hat, macht er plötzlich einen Ruck, zittert ein wenig und bleibt dann stehen.
Ich glaube, in mir hat es einen rechten Ruck gegeben.

«Anton», sagte ich, «es ist viel passiert in den letzten Tagen.»
Er murmelte etwas, das ich nicht verstehen konnte.
«Sorry. Tut mir leid, daß ich dich geweckt habe.»
«Schon gut», brummte er.
Ich zog meinen Pyjama an und schloß die Läden. Jetzt wartete ich nur noch auf einen langen, tiefen Schlaf.

Von der Kirche in Monte Bosco hörte ich es noch zehn Uhr schlagen. Zum Glück hat die Uhr keinen Sekundenzeiger.
Ich wünschte allen eine gute Nacht: den Fledermäusen und den Glühwürmchen, der Nonna Luisa und meinen Eltern, Maria Patocchi und der Ziege Cornetta, Konfuzius und Minouche.
Und natürlich Mario ...
Ich war so glücklich, daß ich um ein Haar meine Kobolde vergessen hätte.
«Morgen dürft ihr wieder zuschlagen», sagte ich. «Aber jetzt möchte ich meine Ruhe haben.»
Zum Glück schlief ich ein, bevor sie antworten konnten.

Notizen aus dem Besenwagen

Seit jenem Abend, als sie den Sindaco von Monte Bosco verhafteten, sind bereits mehr als vier Wochen verstrichen. Ich brauchte wirklich zwei Spiralhefte, um die Geschichte aufzuschreiben, und jetzt ist fast so etwas wie ein Buch daraus geworden.

Den Ausdruck ‹Besenwagen› habe ich von Mario. Ich hörte ihn zum ersten Mal an jenem Abend, als wir am See unten in einem Restaurant saßen. Vater hatte uns wie versprochen ein wunderschönes Nachtessen spendiert. Leider gab es dort auch einen Fernseher, und während ich meine Mousse au chocolat löffelte, brachten sie den Tagesbericht von der ‹Tour de France›. Da sich Mario nicht nur für Fußball, sondern auch für Velorennen interessiert, starrte er die ganze Zeit auf den Bildschirm. Gegen Ende der Sendung kam ein kleiner Bus ins Bild, und Mario erklärte, das sei der Besenwagen.
«Der sammelt alles ein, was unterwegs liegengeblieben ist.»
«Auch Velofahrer?»
«Manchmal auch die.»
Seine Coupe Danemark hatte sich in der Zwischenzeit zu einer bräunlichen Masse aufgelöst, aber sie schien ihm trotzdem zu schmecken.

Jetzt sind wir also wieder zu Hause, und in der Zwischenzeit sind doch noch einige Dinge passiert, ohne die meine Geschichte nicht ganz vollständig wäre.

Der Sindaco konnte dank der Spuren eindeutig überführt werden; nicht nur die Fußabdrücke, sondern auch die Kratzer am Fensterladen hatten ihn als Einbrecher

entlarvt, und schließlich hat er ein Geständnis abgelegt, nachdem man ihm auch Fälschungen im Grundbuch hatte nachweisen können. Eine Neuvermessung hatte überhaupt nie stattgefunden, er hatte bloß die Grenzlinien weiß überdeckt und neu eingezeichnet. Das Ganze hatte er danach fotokopiert, um die Spuren der Fälschung zu verwischen.
Kurz und gut: Das Schlößchen bleibt, wie es ist, und vom Bau einer Straße kann nicht die Rede sein. Die Gesellschaft, die das Sportzentrum hatte bauen wollen, hat sich selber aufgelöst, und möglicherweise wird es noch mehr Verhaftungen geben. Die Polizei glaubt nämlich, daß man den Sindaco für den Einbruch bezahlt hat, und damit hätten sich natürlich auch die sogenannten Hintermänner strafbar gemacht.

Mario ist auch wieder zu Hause, und manchmal telefonieren wir miteinander, da er nicht gern Briefe schreibt. Mama findet zwar, wenn das so weitergehe, würde es am Ende eine astronomische Telefonrechnung geben. So schlimm dürfte es aber kaum werden, und abgesehen davon wechseln wir ja ab mit den Anrufen. Vielleicht darf er im Herbst mitkommen, wenn wir zu Onkel Ferdinand nach Montpellier fahren, um die Bootsreise nachzuholen.
Den Teppich von Donna Maria haben mir die Eltern geschenkt für meine Detektivarbeit. Jetzt hängt er in meinem Zimmer über dem Bett.

Gestern ist Jessica aus den Ferien zurückgekehrt. Am Abend saßen wir beide ein wenig im Garten zusammen und plauderten. Ich mußte ihr natürlich den ganzen Krimi erzählen, und sie fand die Geschichte wahnsinnig aufregend.

«Und wie war's bei euch auf Mallorca?»
«Echt *high*», sagte sie. «Mallorca ist fast noch besser als Formentera. Da hat's eine Menge Discos am Strand, und ich durfte jede Nacht bis elf Uhr draußen bleiben.»
«Hat's dich wieder erwischt?»
«Wie meinst du das?»
«So wie mit Kai-Uwe letztes Jahr.»
«Ach, Sabine, wenn du wüßtest! Mit Kai-Uwe läßt sich das überhaupt nicht vergleichen.»
«Hast du ein Bild von ihm?»
«Aber sicher», antwortete sie.
«Zeig's mal her.»
«Ich mag's jetzt nicht suchen. Vielleicht ein anderes Mal.»
Ich glaube, ich kenne Jessica ziemlich gut. Man konnte es zehn Meter gegen den Wind riechen, daß da etwas nicht so war, wie es hätte sein sollen.
«Hol's doch», sagte ich. Das Teufelchen saß mir wieder im Nacken, wie damals, als wir uns über unsere Zeugnisse unterhalten hatten.
«Wie heißt er denn?»
«Andy.»
«Ein Engländer?»
«Nein, ein Luzerner. Eigentlich heißt er Andreas, aber wer will heute schon so heißen.»
«Vielleicht steht er nicht auf Kokosnüsse?»
«Wie meinst du das?»
«Einfach so», sagte ich.

Ich wollte Jessica ja eigentlich nicht verletzen, aber der kleine Teufel auf meiner Schulter ließ mir einfach keine Ruhe. Und da wußte ich plötzlich, daß das gar kein Teufel war. Ich hatte wirklich unheimlich lange gebraucht, um zu dieser Erkenntnis zu kommen: Es war Schabernackel, da gab es nicht den geringsten Zweifel. Großvaters Ge-

dicht schoß mir durch den Kopf: ‹*Und kommt er mal bei dir vorbei, so sag, ich laß ihn grüßen!*› Und jetzt war er da ... Was heißt *jetzt*? Er war immer schon dagewesen, und ich hatte es bloß nicht gemerkt.
«Schöne Grüße von Großvater», sagte ich.
«Danke», antwortete Jessica.
Schabernackel kicherte, ich konnte es ganz deutlich hören.
«Ich denke, dein Großvater ist im Frühling gestorben?» sagte Jessy plötzlich.
«Stimmt», antwortete ich. «Die Grüße waren auch gar nicht für dich.»
«Sag mal Speedy, spinnst du eigentlich?»
«Nur von Zeit zu Zeit. Meistens geht es schnell wieder vorbei. Sorry, Jessica.»

Auf einmal sah ich, daß sie weinte. Nicht richtig laut, nur so wie ich damals, als ich in Großvaters Haus über seinen Tagebüchern gesessen hatte. Zwei dicke Tränen rollten über ihre Wangen hinab.
«Was hast du denn?» fragte ich sie.
Sie suchte nach einem Taschentuch, aber sie fand keins.
«Ich habe das Bild nicht mehr», sagte sie.

«Wieso nicht?»
«Ich hab's zerrissen.»
So hatte ich Jessica noch nie erlebt. Ihr ganzes Gesicht war naß von Tränen, und ihr Körper wurde wie von leisen Krämpfen geschüttelt.
Als sie sich einigermaßen aufgefangen hatte, wischte sie sich mit einem Zipfel ihres T-Shirts die Wangen ab.
«Ich war eine blöde Kuh.» Ihre Stimme klang, als hätte sie einen riesigen Kloß im Hals.
«Wenn du nicht willst, brauchst du es nicht zu erzählen.»
Wieder zögerte sie eine Weile.

«Ich glaube, ich muß es jetzt endlich loswerden. Sonst ersticke ich noch daran.»
«Du kannst es mir ruhig sagen.»
«Okay», antwortete sie. «Am vorletzten Abend verschwand Andy plötzlich aus der Disco. Und dann merkte ich, daß Barbara auch nicht mehr da war.»
«Was für eine Barbara?»
«Die ist aus Basel gekommen, am Tag vorher. Sah aus wie Daisy Duck, aber benommen hat sie sich, als wäre sie die Miss Universum persönlich. Natürlich mußte sie gleich die ganz große Show abziehen, und noch am selben Abend ist sie zur Disco-Queen gewählt worden. Völlig verrückt, sage ich dir.»
«Vermutlich hatte sie auch noch lange Haare?»
«Bis zum Nabel», antwortete Jessica.
Sie hatte inzwischen aufgehört zu weinen, aber ihre Augen waren ganz rot und verquollen.
«Es hat mir einfach keine Ruhe gelassen», sagte sie. «Ich habe mich dann auch von den andern abgesetzt und bin zum Strand hinuntergelaufen.»
«Das hätte ich nie gemacht», sagte ich.
«Ich hab dir doch gesagt, daß ich eine blöde Kuh war.»
«So etwas kann doch jedem passieren.»
«Ich wollte es einfach wissen», sagte Jessica.
«Na und?»
«Jetzt weiß ich es. Glaub mir, Sabine, so bald werde ich mich bestimmt nicht wieder verlieben.»
Da kam mir in den Sinn, daß ich an der Reihe war mit Telefonieren.
«Ich glaube, ich muß jetzt gehen, Jessy.»
«Ehrlich», sagte sie, «es bringt es einfach nicht.»
«Wenn du es sagst, wird es schon stimmen.»
Schabernackel schwieg. Er mußte wohl seine Gründe haben.

Gerade als ich mit Telefonieren fertig war, kam Papa ins Zimmer.
«Wohin hast du angerufen?»
«Nach öh, Dingsbumshausen.»
«Wohin?»
«Nach Bümpliz.»
«Warum sagst du dann Dingsbumshausen?»
«Das ist die Abkürzung.»

Den Stein mit den blauen Kristallen haben wir übrigens auch mit nach Hause genommen. Vater hat ihn zu einem Goldschmied gebracht, der einen der Kristalle herausschneiden und zu einem Anhänger verarbeiten wird. Es soll ein Amulett geben, und zusammen mit dem goldenen Kettchen meiner Großmutter wollen sie es mir zum Geburtstag schenken. Nächste Woche bin ich fünf vor zwölf, und so lange dauert das alles gar nicht mehr.
Jetzt muß ich mir noch den Mumpitz für Mario fertig ausdenken. Der sitzt dann links hinter dem Torpfosten und lacht sich eins, wenn Mario beim Elfmeter in die falsche Ecke springt.

Am nächsten Sonntag fahre ich nach Bümpliz, zum ersten Mal allein. Mario will mich in Bern am Bahnhof abholen, da er fürchtet, ich könnte den richtigen Bus nicht finden. Bis dahin sollte der Mumpitz fertig sein. Eigentlich fehlen ihm nur noch die Fußballschuhe mit den richtigen Stollen. Und natürlich die Lachfältchen. Die hätte ich um ein Haar vergessen.

Ob sich Mario wohl über mein kleines Geschenk freuen wird?

Aus dem italienisch-deutschen Wörterbuch

appetito	Appetit
arrivederci	auf Wiedersehen
bambini	Kinder
bella	schön
bene	gut
bisnonna	Urgrossmutter
boccalino	kleiner Weinkrug
buon giorno	guten Tag
bosco	Wald
cara	lieb
certo	sicher
colica	Bauchweh
casa	Haus
certo	sicher
colica	Bauchweh
collina	Hügel
croce	Kreuz
d'accordo	einverstanden
Dio mio	mein Gott
documenti	Dokumente
domani	morgen
don	Herr
drago	Drache
ecco	hier
fine	Ende
funghi	Pilze
grazie	danke
guarda	schau
ladri	Diebe
Merlot	Rotwein
molto	sehr
mondo	Welt

no	nein
nonna	Großmutter
ovolo malefico	Fliegenpilz
pacchetto	Paket
pergola	umwachsene Laube
pizzo	Gipfel, Spitze
posta	Post
prego	bitte
ragazza	Mädchen
rosso	rot
rottura	Einbruch
salute	zum Wohl, Gesundheit
scuola	Schule
sentiero	Pfad, schmaler Weg
si	ja
signora	Frau
signore	Herr
signorina	Fräulein
sindaco	Gemeindepräsident
strega	Hexe
testamento	Testament
venite	kommen Sie
vieni	komm

Zahlen: 1 *una,* 2 *due,* 3 *tre,* 4 *quattro,* 5 *cinque,* 6 *sei,* 7 *sette,* 8 *otto,* 9 *nove,* 10 *dieci.*
100 *cento,* 1000 *mille.*